Hinrich C. G. Westphal
Schick deine leisen Boten

Hinrich C. G. Westphal

SCHICK DEINE LEISEN BOTEN

**Die besondere Zeit von Advent bis
Heilige Drei Könige**

HERDER

FREIBURG · BASEL · WIEN

Inhalt

Liebe Leserin,
lieber Leser,

nun versuche ich schon vierzig Winter lang, Weihnachten zu buchstabieren, in Zeitungen wie dem „Hamburger Abendblatt", in Büchern, in Tagebüchern oder in dem Kalender „Der andere Advent". Und doch ist es mir immer noch nicht gelungen, die Faszination dieser Zeit zwischen Advent und Epiphanias ganz zu erfassen. Wahrscheinlich braucht man mehr als ein ganzes Leben, das tiefere Geheimnis dieser Wochen zu ergründen.

Das erste Christfest hat Spuren hinterlassen, für deren Entdeckung wir immer wieder viel Zeit und Stille brauchen. Es sind die Spuren einer Sehnsucht und einer Liebe, die uns auf den großen, ewigen Advent hinweisen wollen. Ich würde mich freuen, wenn Sie mich bei meiner Spurensuche begleiten würden.

Kann sein, dass Ihnen ein Gedicht
oder eine Geschichte bekannt
vorkommt oder weniger zusagt.
Dann wenden Sie sich getrost
einem anderen Text zu. Wenn die
eine oder andere Zeile Ihnen einen
Anstoß gäbe, Ihrer Sehnsucht nach
Geborgenheit und Hoffnung zu
folgen, dann wäre ich froh.
Da ich in Hamburg wohne und viele
Texte persönlich sind, fallen auch
manche Betrachtungen norddeutsch
oder gar maritim aus. Ich hoffe, Sie
stören sich nicht daran, sondern
können sich mit mir darüber freuen,
dass die Kunde vom Christkind sogar
den hohen Norden erreicht hat.

Ich wünsche Ihnen eine gesegnete
Advents- und Weihnachtszeit!

Hinrich C. G. Westphal

Hoffnung *für* Lachende *und* Weinende

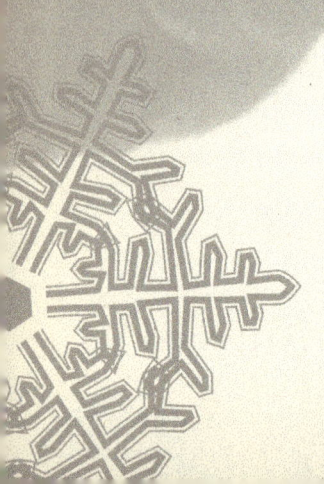

Advent

Alles hat seine Zeit

„Mama, wir gucken da gar nicht
hin", sagte Jan, „sonst verderben
wir uns die ganze Vorfreude."
Und er zog seine Mutter von den
Türmen voller Marzipankugeln und
Christstollen weg. Ziemlich reif für
einen Neunjährigen, aber offenbar
hatte er schon etwas mitbekommen
von der Spannung und den
Höhepunkten, die uns die Feste des
Kirchenjahres erst richtig genießen
lassen.
Wer das begriffen hat, weiß, dass
Ostern nicht im Januar anfängt,
und die Vorweihnachtszeit nicht im
August, wenn die Weihnachtsmänner
bereits in die Regale der Kaufhäuser
einrücken. Nein: Jedes Ding hat seine
Zeit. „Advent ist im Dezember" heißt
eine gesellschaftskritische Initiative
der evangelischen Kirche und sie
hat recht: Es ist gut, sich auf diesen
heilsamen Rhythmus einzulassen und

zu spüren, was jeweils dran ist.
In den Novemberwochen ist
Buße und Erinnern dran, weil
es einen Ort braucht in unserem
Leben und in unserem Jahr.
Es mit Halloweengrusel oder
Marzipankugeln zu überspringen ist
ungesund, es gemeinsam zu feiern
und zu bedenken, kann tiefgründig
und tröstend sein.
Darum werden am Totensonntag
in den evangelischen Kirchen die
Namen derer verlesen, die wir
seit November letzten Jahres zu
betrauern haben, aber auch die
schon länger Verstorbenen sind in die
Erinnerung eingeschlossen: So denke
ich an meine früh gestorbene Mutter
und den plötzlich entschlafenen
Vater und daran, dass niemand
mehr da ist, der einem liebevoll über
den Kopf streichen und sagen kann:
mein Kind. Stattdessen rücken wir
unweigerlich vor in die Reihe derer,
die nach Menschenermessen als

Nächste abgerufen werden. Das zu
wissen, macht vieles nebensächlicher,
manches aber auch wichtiger.
Auch darum brauchen wir dieses
Fest der Erinnerung, der Gebete und
der Hoffnung: einen Tag, der Gott
sei Dank nicht nur Totensonntag,
sondern auch Ewigkeitssonntag heißt.
Dann erst endet das Kirchenjahr,
nachdenklicher und leiser als
das beknallte, feuchtfröhliche,
funkensprühende Silvester. Dann,
erst dann beginnt der Advent und
die Freude über sein verwandelndes
Licht.

Rettung im Advent

27. November, 6 Uhr morgens

Von Tönning laufen einige
Fischkutter aus, im Eiderfahrwasser,
mit dem Strom. Sie wollen auf
Krabbenfang. Unter ihnen die
18 Meter lange „Süderoog", der
Kutter mit dem blauen Eichrumpf
und dem gelben Mast. Drei Mann
Besatzung zählt die „Süderoog":
den Eigner Olaf Bönisch, seinen
Bruder Dirk und den jungen Helfer
Thomas. Schiffsführer Olaf steht am
Ruder. Das gleichmäßige Tuckern
des Motors und das Schreien der
Möwen sind die einzigen Geräusche
ringsum. Der Wind kommt von
Südwest, die Lufttemperatur liegt bei
sechs Grad, die Sicht ist mäßig: In
200 Meter Entfernung liegt dichter
Nebel über dem Wasser. Gestern
hatte Bönisch Geburtstag, seinen 30.
Doch richtig feiern will man erst am
Wochenende, seine Frau Ute ist mit

den Vorbereitungen beschäftigt, die
Töchter Anne (3) und Nele (5) freuen
sich schon.

Alle Geräte funktionieren
störungsfrei, nur die Kartenlampe
flackert gelegentlich leicht. Im
Vortrapptief, westlich von Amrum,
setzen die Fischer zum ersten Mal
ihre Netze aus.

Nachmittags stößt die „Glückauf"
zu ihnen, ihr Schiffsführer Thomas
Semrau stammt ebenfalls aus dem
Heimathafen Tönning. Man lief
schon des Öfteren zusammen aus,
fischt nun im Abstand von zwei bis
drei Seemeilen, hat immer wieder
Sicht- und Funkkontakt. Doch ab
Donnerstagnachmittag bekommt
Skipper Semrau keine Verbindung zu
Bönisch mehr, keinen Sichtkontakt,
keinen Funkspruch, nur bedrohliche
Stille. Er macht sich auf den
Heimweg zum Eidersperrwerk, nach
dem Einlaufen informiert er Ute
Bönisch. Freitagabend wird er der

Seenotleitzentrale in Bremen melden:
Die „Süderoog" ist seit 24 Stunden
überfällig.

28. November, 16 Uhr
Die „Süderoog" liegt auf westlichem
Kurs, drei Seemeilen von Sylt
entfernt. Olaf Bönisch steht am
Ruder, die anderen beiden schlafen,
so gut es eben geht. Plötzlich nimmt
der Schiffsführer Brandgeruch wahr.
Es ist Kunststoff, der da irgendwo
achtern schmort. Dann sieht er
Dunst im Maschinenraum und
hinten, aus der Sicherungsecke,
einen hellen Schimmer. Sofort
weckt er seinen Bruder, gemeinsam
laufen sie um das Ruderhaus zum
Maschinenschott, und da sehen sie's:
Der Sicherungskasten brennt, Funken
sprühen ihnen entgegen. Sie wecken
den Jungen, gemeinsam setzen sie
Feuerlöscher ein, doch ohne Erfolg.
Flammen schlagen durchs Deck und
setzen das Ruderhaus in Brand. Die

Stromversorgung bricht zusammen,
der Funk fällt aus. Vergeblich
versuchen die Männer, den Brand
mit Wassereimern zu bekämpfen.
Der Skipper lässt die aufblasbare
Rettungsinsel klarmachen,
Glasscheiben platzen, der Holzrumpf
brennt lichterloh, jetzt schon
gefährlich nah am Kraftstofftank.
Auf der Flucht in die Rettungsinsel
greift Olaf Bönisch noch den auf dem
kühlen Vorschiff extra gelagerten
Proviant: zwei Liter Milch, ein Brot,
ein halbes Pfund Butter und zwei
abgelaufene Joghurt. Er nimmt alles
mit auf die Insel, die durch eine lange
Leine mit dem Kutter verbunden
ist. Als aber die Rauchentwicklung
immer stärker wird, muss auch
diese gekappt werden. Die Insel
treibt ab, hinter der Nebelwand
sind Explosionen zu hören. Einige
Fischkisten, angebranntes Holz und
zersplitterte Planken zeugen vom
Ende des Kutters „Süderoog".

29. November bis 1. Dezember

Irgendwo auf See zwischen Amrum-
Bank und Jütland. Der Wind hat
auf Süd-Ost gedreht. Strömung und
Drift treiben die Schiffbrüchigen
mit einer Geschwindigkeit von ca.
zwei Seemeilen von der Küste weg.
Vor den nordfriesischen Inseln
herrscht 50 bis 60 Meter Sichtweite.
Manchmal reißt die Nebeldecke auf,
dann sind die Positionslichter von
Schiffen zu sehen. Die Fischer feuern
Leuchtraketen ab und entzünden
Handfackeln, aber niemand
reagiert. Anfangs paddeln zwei
Mann abwechselnd. Sie meinen, in
unmittelbarer Nähe eine Heultonne
zu hören, doch dann merken sie:
Es ist nur der Wind, der durch
die Löcher des Paddels pfeift, da
lassen sie's sein. Sie reden kaum
miteinander, beschäftigt sind sie oder
in sich gekehrt.
Man kann sich ja nicht vorstellen,
dass man plötzlich kurz vor dem

Ende steht, dass man selbst nie
mehr nach Hause kommen soll ...
Manch Stoßgebet wird zum Himmel
geschickt, der Kapitän bedenkt
sein Leben. Man war ja so sehr mit
Geldverdienen beschäftigt, mit dem
Existenzaufbau, dass vieles in den
Hintergrund trat: die Familie, die
Kinder, die Zeit zum Leben ...
Manches sollte anders werden, wenn
man noch eine Chance bekäme ...
Bewusster würde man leben, ruhiger
... Viele gute Vorsätze entstehen
auf der Rettungsinsel ... Aber je
schwächer die Männer werden, desto
hoffnungsloser sind sie. Die Anfälle
von Depressionen werden häufiger.
Manchmal hören sie
Motorengeräusche aus der Ferne,
die See ist hellhörig wie ein großes
Ohr. Dann breitet sich wieder
diese unheimliche, lähmende Stille
aus, untermalt vom Schlagen der
Wellen. Nur die dünne Haut der
Rettungsinsel liegt zwischen Leben

und Tod, und die nasse Kälte der Nordsee frisst sich von Stunde zu Stunde spürbarer in die Glieder. Der Tod naht langsam und unerbittlich. Der Proviant geht zur Neige, nur eine Tasse Milch ist ihnen geblieben. In der dritten Nacht sieht der Bruder des Schiffers in weiter Ferne die Lichter eines großen Fahrzeugs, er glaubt nicht mehr, dass es auf sie zukommen wird. Aber irgendwann nach Mitternacht schrecken sie auf, das Schiff ist in der Nähe. Sie zünden die letzte Handfackel.

30. November, 22 Uhr
Der dänische Frachter „Tor Caledonia" verlässt Esbjerg in südwestlicher Richtung. Ein ungewöhnlicher Kurs für das 14 000-Bruttoregistertonnen-Schiff der Skandinavian Seaways. Normalerweise kreuzt die Ro-Ro-Fähre zwischen dem britischen Nordseehafen Immingham, Göteborg

und Rotterdam. Diesmal wurde sie umgeleitet, um 6000 Christbäume von Esbjerg nach Harwich zu bringen. Das Schiff macht 15 Knoten, man hat es eilig. In zwei Stunden beginnt der Advent.

1. Dezember, 15 Minuten nach Mitternacht
Der wachhabende Offizier Soeren Torbensen entdeckt ein rotes Seenotlicht, etwa eine Meile voraus. Er gibt sofort Alarm und lässt das Schiff stoppen. Der Suchscheinwerfer erfasst eine Rettungsinsel, deren Position zugleich an Blaavand Radio durchgegeben wird. Die „Tor Caledonia" nähert sich der Insel bis auf 50 Meter und lässt ein Rettungsboot zu Wasser.

1. Dezember, 0.40 Uhr
Die Schiffbrüchigen werden an Bord geholt, nach 55 Stunden, sehr nass, verfroren und erschöpft. Sie sind überwältigt von der Herzlichkeit und

Hilfsbereitschaft der Dänen. Warmes
Essen, ein heißes Bad, passende
Kleidung – langsam kehrt das Leben
zurück. Kapitän Henning Madsen
sagt: „Es war Zufall, dass wir sie
entdeckten. Stunden später hätte es
keine Hoffnung mehr gegeben."

Ein Wagenrad aus Hamburg

Freitag vor dem ersten Advent: „Hast du schon einen Adventskranz?", fragte mich meine Stuttgarter Schwester am Telefon. „Nein, darum wollte ich mich morgen kümmern. Und du?" „Die Kerzen habe ich schon, aber das Tannengrün will ich mir noch selber zu einem Kranz binden." „Weißt du eigentlich, dass der Adventskranz ursprünglich aus Hamburg kommt?", fragte ich, aber sie hatte keine Ahnung. So erzählte ich ihr von dem norddeutschen Theologen Johann Hinrich Wichern. Der gründete 1833 das „Rauhe Haus" im Hamburger Stadtteil Horn, wo er schwer erziehbare Kinder und Jugendliche aus armen Familien betreute. Am ersten Advent hängte er in ihren Versammlungssaal einen wagenradgroßen Holzkranz, bestückt mit über 20 Kerzen: vier großen weißen für die Sonntage und vielen kleinen roten, für jeden Wochentag eine. Das war er, der erste Adventskranz der Welt, erfunden von einem 31-jährigen Hamburger. Später verzierten die Rauhhäusler ihren Kranz mit grünen Zweigen, dem Symbol für das Leben. Wichern selber hat die Wirkung seines Kranzes beschrieben: „Auf dem Kronleuchter des Betsaals mehrt sich täglich die Zahl der Lichter, die der Zahl der Adventstage entsprechen, bis am Schluss des Advents die ganze Lichterkrone strahlt und immer heller widerstrahlt in den Herzen der Kinder."

Heute, fast 180 Jahre später, hat sich der Kranz deutlich verändert. Wir beschränken uns auf vier Kerzen für die Adventssonntage. Das hat vor allem praktische Gründe: Wer kann schon ein riesiges Wagenrad mit über 20 Kerzen in seine Wohnung hängen?

Unsere Kränze sind kleiner
geworden, aber ihre Botschaft bleibt
dieselbe: Die Lichter wollen die
Geburt des Christkindes ankündigen,
das als Licht der Welt in unsere
Herzen und Häuser einziehen will.

Der stille Jahreswechsel

Ich weiß nicht, ob es klappen wird,
aber wir wollen es versuchen:
Mit ein paar Freundinnen und
Freunden wollen wir am heutigen
Abend den Jahreswechsel feiern.
Jahreswechsel? Heute? Ich weiß,
der offizielle Jahreswechsel findet
wie immer am 31. Dezember statt.
Da wird er meist laut, Funken
sprühend und hoffentlich fröhlich
gefeiert. Aber daneben gibt es den
leisen, nachdenklichen Wechsel des
Kirchenjahres, und den wollen wir
heute Abend begehen.
Noch vor sechs Uhr abends treffen
wir uns auf dem Ottensener Kirchhof
direkt neben der viel befahrenen
Elbchaussee. Hinter uns die Elbe
und der laute Containerhafen, der
weder Nachtruhe noch Feiertage
kennt. Von dieser hektischen
Umgebung tauchen wir ein in die
Stille des Friedhofs, treffen uns am

Stein des Dichters Friedrich Gottlieb
Klopstock, der hier 1803 begraben
wurde. In einem seiner Verse heißt
es:

Herr, du wollest uns bereiten
Zu deines Mahles Seligkeiten;
Sei mitten unter uns, O Gott!

Wir zünden Laternen an, erinnern
an unsere Vorausgegangenen und
an das „Lehre uns bedenken, dass
wir sterben müssen, auf dass wir klug
werden". Wir nehmen Abschied von
dem, was war, denn nun soll etwas
Neues beginnen.
Wir wollen das Licht und die
Hoffnung auf das Kommen des
Christkindes zwischen die Gräber
tragen, horchend und wartend,
bis die Glocken den ersten Advent
einläuten. Dann öffnen wir die
Kirchentüren und ziehen singend in
das Gotteshaus ein:

Macht hoch die Tür, die Tor macht weit,
es kommt der Herr der Herrlichkeit.

Heute Abend werden wir keinen
festlichen Gottesdienst feiern. Wir
schweigen zusammen, hören die
biblischen Verheißungen und eine
Flöte, lassen unsere Sehnsucht und
Vorfreude wach werden.
Danach tragen wir das Licht an
der Elbe entlang, nehmen es mit in
ein Haus, in dem schon der Tisch
gedeckt ist. Keine große Party soll
es werden, nur ein gemeinsames
Essen und viel Zeit zum Reden:
über Erinnerungen, Glauben und
Freundschaft, über das, was uns
geprägt hat und trägt. So kann der
Advent beginnen.

Die Seele geht zu Fuß

„Sie sehen ja, das Wartezimmer
ist voll", klagte mein Arzt, „auch
mein Terminkalender. Zeit für
mich selbst und für meine Familie
habe ich nicht." Ebenso fühlen sich
Hausfrauen und Geschäftsleute
in diesen Wochen belastet, selbst
Seelsorger hasten von einer
Besinnung zur nächsten. Die
Zeit läuft schneller, Hektik und
Gereiztheiten nehmen zu. Und so
ist der Advent manchmal vorbei,
ehe er in unseren Seelen wirklich
angekommen ist. Das ist schade.
Darum will ich meine Zeit ab heute
entschleunigen.
Schon am Morgen fängt es
an: Beginne ich ihn bereits mit
Verspätung, mit einer Tasse Kaffee
im Stehen und mit wehendem
Mantel, verläuft auch der übrige
Tag hektisch und ungeordnet.
Gönne ich mir aber eine adventliche

Pause, eine ruhige Viertelstunde
mit Kerze, meditativer Lektüre und
einem Gebet, dann stimmt es mich
und meine Umgebung auch für
den übrigen Tag entspannter und
gelassener.
Meine Fortbewegung mit S-Bahn
und Taxi ist eintönig und ungesund.
Als es gestern Abend vorübergehend
kein Taxi gab, bin ich einfach mal zu
Fuß gegangen, in aller Ruhe.
In den Fenstern sah ich Zweige und
Lichter, nie schimmern sie intensiver
und einladender durch die Scheiben
als jetzt. Es gab so viel zu sehen, zu
riechen und nachzudenken, dass ich
nach einer halben Stunde beglückt
und entspannt zu Hause ankam.
Unsere Seele geht immer zu Fuß, und
unsere Zeit verstreicht langsamer und
erfüllter, wenn wir aus Gewohntem
aussteigen und die Welt mit anderen
Augen sehen.
Auch mein Verhältnis zum
Zeitfresser Fernsehen will ich

verändern. Wegkommen vom
selbstverständlichen Einschalten,
dem bleiernen Einschlafen vor dem
Kasten. Stattdessen gewinne ich
stille nachdenkliche Abende für
Lichter, Musik, Gespräche, einen
ruhigeren Schlaf und ein zufriedenes
Aufwachen.
Ich bemühe mich, in dieser Zeit
der Ankunft erwartungsvoller und
aufnahmebereiter zu sein. Letzten
Endes hängt es aber nicht an unseren
Vorsätzen, sondern an dem, was Gott
aus uns macht. Darum singe oder
bete ich gern:

Ach mache du mich Armen
zu dieser heilgen Zeit
aus Güte und Erbarmen,
Herr Jesu, selbst bereit.
Zieh in mein Herz hinein
vom Stall und von der Krippen,
so werden Herz und Lippen
dir allzeit dankbar sein.

Der ist arm dran

Am 4. Dezember hatte mein
Professor Geburtstag. Weil ich
eingeladen war, suchte ich ein
passendes Geschenk aus. „Nun
hätte ich beinahe Weihnachtspapier
genommen", sagte die Verkäuferin,
als sie mir das Geburtstagsgeschenk
einpackte. „Macht nichts", beruhigte
ich sie, „eigentlich ist Weihnachten
ja auch ein Geburtstag." „Da haben
Sie recht", bestätigte sie mich, „das
kommt vor." „Ich meine", versuchte
ich es noch einmal:" „Heiligabend
feiern wir doch tatsächlich einen
Geburtstag." „Ja", beteuerte sie,
„das gibt es wirklich, dass jemand an
Heiligabend Geburtstag hat. Aber
wissen Sie: eigentlich ist derjenige
doch arm dran!"
Da nahm ich mein Geburtstagsgeschenk und ging davon. Eigentlich
hatte sie ja recht. So oder so.

Nikolaus

eigentlich
könnte es uns egal sein
dass einst der bischof
einer hungernden hafenstadt
kinder mit essen versorgte
aber es ist die erinnerung an
ängste und träume
schiffe und sehnsucht
beten und wunder
die uns diese geschichte
gerade im advent
nächtens und liebevoll
vor die tür und
in die schuhe schiebt

Wir sind unverwechselbar

Morgens, wenn der Deckel
meines Briefkastens klappert,
gehe ich erwartungsvoll zur Tür.
Postwurfsendungen enttäuschen
mich. Briefe, auf denen mein Name
steht, steigern die Spannung. Will
einer etwas von mir persönlich, oder
ist es nur eine Rechnung?
Der Umschlag, den ich gestern in
den Händen hielt, wirkte aufwendig
und exklusiv. Drinnen tat jemand
sehr wichtig: „Sehr geehrter Herr
Westphal", meinte er, „heute
schreibe ich Ihnen persönlich
im Auftrag der Süddeutschen
Klassenlotterie. In einem strengen
internen Auswahlverfahren wurden
Sie ausgewählt, einen nummerierten
‚Berechtigungs-Ausweis' und eine
beglaubigte ‚Abruf-Urkunde' zu
erhalten. Beides finden Sie beiliegend
in Ihrer Dokumenten-Mappe."
Tatsächlich fand ich einen Ausweis,

eine Urkunde und ähnliche
kostspielige Mätzchen mit meiner
Adresse und meinem Namen.
Nur, um mir vorzugaukeln, der
nächste Millionär würde Hinrich
Westphal heißen. Auch schicken
mir gemeinnützige Vereine gerade
im Advent Spendenbriefe, in denen
gedruckte Adressaufkleber mit
meinem Namen und meiner Adresse
liegen. Ich mag das nicht.
Ich spende meistens gern, aber ich
habe niemandem die Zustimmung
gegeben, meinen Namen für seine
Zwecke zu benutzen. Sie haben
meine Adresse irgendwo gekauft,
um den Anschein zu erwecken, ihre
Werbung sei nicht anonym. Doch ich
bin weder dumm noch interessiert.
Stattdessen ist es mir sehr wichtig,
persönlich angeredet und wirklich
gemeint zu sein.
So lege ich Wert darauf, dass mich
meine Freundinnen und Freunde mit
meinen Eigenheiten mögen. Ebenso

glaube ich, dass mir meine Taufe
ganz allein galt, dass ich vor Gott
unverwechselbar bin. Auch vertraue
ich auf Gottes tröstliche Zusage:
„Ich habe dich bei deinem Namen
gerufen, du bist mein." Werbungen
aber, die so tun, als seien sie an
meiner Person interessiert, können
mir gestohlen bleiben.

Vom Licht verwandelt

„Nun schau'n Sie sich diesen
Wahnsinn an!", stöhnte mein
Taxifahrer und vergrub seinen Kopf
hinter dem Steuerrad. Nichts ging
mehr auf der Rothenbaumchaussee,
als wir gegen Feierabend nach Hause
fuhren. Vor allem in Richtung
Innenstadt drängte sich Stoßstange
an Stoßstange, die Fahrer reagierten
hektisch und aggressiv. Hamburg
kann anstrengend, laut und grell
sein, in diesen angeblich besinnlichen
Tagen. Ich musste lächeln: Ein
Verkehrschaos in Hamburg, weil
vor 2000 Jahren im Heiligen Land
ein Kind geboren wurde! Ich will
mich darum nicht von dieser Hektik
anstecken lassen.
Wenn ich in der Dämmerung
nach Hause komme, mache ich
gar nicht erst Licht. Stattdessen
lasse ich Mantel und Tasche im
Flur fallen, gehe geradewegs ins

Wohnzimmer und sinke erleichtert
in meinen Sessel. Jetzt brauche ich
keine Lampe, kein Fernsehen, kein
Telefon. Ich möchte nur einmal in
Ruhe durchatmen.

Allmählich erkenne ich die Schatten
der Möbel, die Umrisse des Fensters,
den Baum vor dem Haus. Das
Schweigen einatmen, die Dunkelheit
aushalten.

Durch das Fenster sehe ich Nachbarn
vorbeihasten, schwer beladen mit
Einkaufstüten, viele auch mit Sorgen.
In diesen Wochen habe ich das
Leid einiger Menschen mitzutragen.
Trennung, Arbeitslosigkeit und
Schmerzen hören ja nicht auf,
nur weil Advent ist. Ich versuche
loszulassen und zu entspannen.

Irgendwann zünde ich zwei Kerzen
an und sehe zu, wie ihr Licht
allmählich den Raum verwandelt.
Die Schatten fallen weicher, alles
sieht wärmer aus, freundlicher.
Adventskerzen als Symbol: Hoffnung

auf das ewige Licht, das in unsere
Welt kam. In unseren Kirchen
werden wir davon singen:

Das ewig Licht geht da herein,
gibt der Welt ein' neuen Schein;
es leucht' wohl mitten in der Nacht
und uns zu Lichtes Kindern macht.

Das ist es doch, was wir jetzt
brauchen: dass wir uns von dem
tröstenden Schein des Advents
verwandeln lassen und sein liebevolles
Licht an andere weitergeben.

Die Kerze

ihre strahlen
tasten zarter
als das fahle licht
der lampen diese
hohle welt zerlegt
ihre schatten fallen weicher

schimmernd
trägt sie ihre flamme
ihre schlanke in das dunkel
einen kleinen neuen tag
wie die hoffnung auf die sonne

ob wohl
besinnung ihr name ist
denn sie sammelt die gedanken
schließt sie ein in ihre helle
lässt uns ihre stille ahnen
schimmert in dem schweigen worte
dem der sie zu lesen sucht

ihre milde
leuchtet ankunft
wie ein strahlender prophet
so als wäre ihr des engels
freudenbotschaft anvertraut
wäre leise ihr gesungen
und sie lächelte
dafür

Ich will euch trösten

Nein, ich werde den Advent 1961 nicht vergessen. Damals war ich ein Jugendlicher, gerade 17 geworden. Wir freuten uns auf die Vorweihnachtszeit, meine Geschwister und ich. Doch dann, ganz plötzlich, starb unsere Mutter. Auf einmal spielten die üblichen adventlichen Stimmungen und Wünsche keine Rolle mehr, sie waren uns egal. Ich stand an ihrem Sarg und dachte: Jetzt wird es nie wieder Weihnachten!

Wichtig wurden mir damals aber biblische Zusagen wie „Ich will euch trösten, wie einen seine Mutter tröstet". Glaubwürdig wurden Adventschoräle wie „Mit Ernst, o Menschenkinder", „Wie soll ich dich empfangen" oder „Die Nacht ist vorgedrungen", sie sprechen gerade Trauernde an.

Seit jener Zeit habe ich ein tieferes,

inniges Verhältnis zu Advent und
Weihnachten entwickelt. Mag sein,
dass ich deshalb die üblichen Klagen
über Leere und Lautstärke dieser Zeit
für mich nicht mehr nachsprechen
kann.

Jene aufgesetzten, oberflächlichen
Gefühle liegen ja nicht in dem Fest
begründet, sondern allenfalls in
unserer Art zu konsumieren und zu
feiern.

Sobald wir ernsthaft auf das hören,
was als tröstende und Mut machende
Botschaft hinter diesen Tagen steckt,
erledigen sich viele überflüssige
Verzierungen von selbst.

Darum ist es gut, die Wurzeln des
Christfestes wieder zu entdecken.
Auf dem Grab unserer Mutter
steht ein Kreuz mit der Aufschrift:
„Komm, o mein Heiland Jesu
Christ!" – auch dies aus einem
Adventslied. Es erinnert mich:
Advent meint mehr als äußere
Vorbereitungen auf drei – hoffentlich

schöne – Festtage. Die Adventslichter
wollen vielmehr auf eine Hoffnung
hinweisen, die für Lachende und
Weinende, für Feiernde und
Trauernde gleichermaßen gilt. Diese
Hoffnung hat am Geburtstag des
Jesus von Nazareth ihren Anfang
genommen.

Der Dieb und der Engel

Ich höre schon das Gelächter, aber
ich weiß es ja selbst: Es zeugt nicht
gerade von Ausgeschlafenheit,
seinen Mantel in einer Hotelhalle
zu vergessen. Das dachte wohl auch
der orange-rot livrierte Portier, der
mit einem angedeuteten Lächeln
über seine Brille hinweg meinte:
„Bisher dachte ich immer, dass
Professoren zerstreut seien, aber nun
hat es offensichtlich auch die Pfarrer
erfasst." Nach einem Pressegespräch
hatte ich meinen Mantel in der
weitläufigen Hotelhalle hängen
lassen, und nun war er weg, nicht
aufzufinden, gestohlen, was sonst?
Zugegeben, es war kein Luxusmantel,
aber es war mein einziger und
einen Mantel braucht der Mensch.
„Waren Geld, Schecks oder Ausweise
drin?", fragte man mich als Erstes.
Glücklicherweise nicht, der Dieb
würde keine Freude am Inhalt haben:

einige Taschentücher, Visitenkarten,
Schreiber und ein Gedicht über
Engel. Das hatte ich vor ein paar
Tagen fertiggestellt.

In meiner Zeit als Gefängnispfarrer
kannte ich einige Diebe, die Sinn für
Gedichte hatten, manche schrieben
selbst Verse. Sollte mein unbekannter
Mantelgreifer also ruhig lesen, was
mir da eingefallen war, vielleicht
regte es ja sogar seine eigene Fantasie
an.

Ich aber fror, denn der Dezember
ist nun mal ein Mantelmonat.

In manchen Dingen bin ich ein
konservativer Mensch und trenne
mich ungern von meinen Sachen.
Aber nach einer ungemütlichen
Woche besiegte die Kälte mein
Treuegefühl. Ich kaufte mir einen
neuen Mantel, schlicht, praktisch
und warm. Vierzehn Tage später
ein Anruf vom Hotelportier: „Ihr
Mantel ist wieder da. Sie können ihn
sofort abholen.“ Ich war verblüfft

und fragte mich, wo mein Mantel
wohl in der Zwischenzeit gewesen
war. Wer hatte ihn zurückgebracht
und vor allem: warum? War der Dieb
in sich gegangen, hatte ihn die Reue
gepackt? In der Innentasche fand ich
mein Gedicht über Engel, so wie ich
es verfasst hatte. Und irgendwie hatte
ich das Gefühl, dass es seinen ersten
Leser schon überzeugt hatte:

Gott,
schick deine leisen Boten
mit sanftem Flügelschlag
in das Toben der Welt.
Zu ruhen in ihrem Schatten,
für einen Atemzug geborgen sein ...

Sende die guten Wünsche
der fernen Eltern
in die Verlorenheit.
Zu leben in ihrem Schutz,
für eine Einsamkeit
zu Hause sein ...

Schenk deine tröstenden Träume,
Gefährten der Nacht,
in die Tiefe der Angst.
Die Hände zu falten
und aufzuatmen
in Hoffnung und Licht ...

Lass deine Engel um uns sein.

Das weiße und das schwarze Schaf

Als ich das Schaf zum ersten Mal sah, stand es im adventlich dekorierten Schaufenster eines Möbelgeschäftes und blickte etwas verloren durch die Scheibe. „Was soll ein Pfarrer mit einem Schaf?", fragte ich mich und lief weiter, denn ich musste zu einer Struktursitzung. Dort langweilte ich mich. Es wurde viel geredet und wenig gesagt, alle nahmen sich sehr wichtig. „Hätte ich das Schaf dabeigehabt, wäre die Sitzung lockerer verlaufen", dachte ich auf dem Nachhauseweg.

Nachts musste ich wieder Schäfchen zählen. Da beschloss ich, das Tier am nächsten Tag zu kaufen. Während der Verkäufer sein Geld zählte, nahm ich mein Wolltier auf die Schulter und ging zur nächsten Sitzung. „Nanu, was soll das Schaf hier?", fragten die Kollegen und schüttelten

die Köpfe. Als ich sie aber an die
vielen Schafe in der Bibel erinnerte,
verstanden sie mich und nickten
unserem vierbeinigen Gast freundlich
zu. Und die Sitzung wurde richtig
kurzweilig.

Am nächsten Tag rief mein Freund
Heinrich an: „Man hat mir von
deinem Schaf erzählt. Darf ich es
mal ausleihen?" Heinrich ist Pfarrer
in Harburg und brauchte das Schaf
für einen Kindergottesdienst. Dort
übernahm es eine wichtige Rolle im
Gleichnis vom ausgebüxten Schaf.
Alle Kinder mussten ausschwärmen
und das verlorene Schaf suchen. Sie
guckten unter die Bänke, kletterten
auf die Kanzel und krabbelten auf die
Empore. „Hier ist es!", riefen zwei
Mädchen aus dem Seiteneingang,
und schon wurde das Tier mit
großem Hallo zum Altar getragen.
„So freut man sich im Himmel über
jeden, der umkehrt zu Gott", erzählte
Heinrich, und alle stellten sich um

das wiedergefundene Schaf und
sangen ein Lied.

Inzwischen ist mein Schaf häufig
unterwegs. Bei Sitzungen und
Andachten, bei Kinder- und
Familiengottesdiensten und natürlich
bei Krippenspielen. Ich habe mir
sogar noch ein zweites gekauft. Das
ist aber kleiner und schwarz. Ich
glaube, dass Jesus an seiner Krippe
besonders gern schwarze Schafe hat.

Mal Aussteiger sein

„Werden wir es bis 10 Uhr schaffen?",
fragte ich den Taxifahrer, denn ich
wollte pünktlich bei der Besprechung
sein. „Ohne Stau bestimmt ...",
meinte er und fuhr noch etwas
zügiger. Schließlich kamen wir sogar
15 Minuten vorher an, was mich
ein bisschen ärgerte. Jetzt musste
ich mich eine Viertelstunde in dem
hässlichen Bürogebäude rumdrücken,
Akten lesen oder aus dem Fenster
gucken.

„Das passiert dir nicht wieder", sagte
ich mir. Das nächste Mal stieg ich
zehn Minuten vor dem Sitzungsort
aus. Gemächlich schlenderte ich
durch die kleinen Straßen, über die
Brücken, sah hinab in die Kanäle
und schaute den kreischenden
Möwen zu. Entspannt und guter
Dinge kam ich an.

Nun will ich diese Praxis ausbauen:
bei Taxi-, U-Bahn- und Busfahrten

ein, zwei Stationen vor dem Ziel
aussteigen, am Wasser entlang-
schlendern, im Park ...
Den Kindern zuschauen und den
Hunden ...
Das Leben spüren und frei sein ...
Für ein paar Minuten bin ich
Aussteiger aus dem fordernden
Rhythmus des Alltags, tauche in eine
andere Wirklichkeit ein, atme durch
und genieße.

Die Probe aufs Exempel

Wer sich einsetzt, setzt sich aus.
Darum haben engagierte Menschen
auch immer Gegner, manchmal
sogar Feinde. Das wird nicht immer
zu verhindern sein.
Trotzdem gibt es Gegnerschaften, die
durch unbedachte Worte, vorschnelle
Handlungen, Missverständnisse
oder Vorurteile entstanden sind, wir
würden sie gerne rückgängig machen.
Advent ist ein Experiment wert.
Wie wäre es, wenn wir den
unzugänglichen Kollegen oder die
verbitterte Verwandte tatsächlich
einmal so behandeln würden, wie es
Jesus in der Bergpredigt erwartet?
Machen wir die Probe aufs Exempel:
Versetzen wir uns in die Schuhe des
anderen und behandeln ihn einmal
so, wie es christlich wäre ...
Probieren wir an ihm aus, ob die
Nächstenliebe wirklich etwas austrägt
und ob sie Menschen verwandeln

kann. Vielleicht verblüffen wir ja
unser Gegenüber, vielleicht geschieht
wirklich ein Wunder. Es kommt auf
einen Versuch an. Advent ist die Zeit
dafür.

Wertvoller als Geld

Wochenlang hatte sich mein Kollege Siegbert gefragt, was er seiner Tante zum 75. Geburtstag schenken könnte. Etwas, was sie schon hat und von dem sie sich sowieso wieder trennen muss? Was braucht die alte Frau wirklich, die ständig darüber klagt, dass keiner wirklich Zeit für sie hat? Irgendwann kam dem Kollegen die Idee. Er sagte der Jubilarin: „Tante Else, ich schenke dir einen Tag meiner Zeit." Die Tante staunte: „Einen ganzen Tag, von morgens bis abends?" „Genau." „Ich darf ausführlich reden, ohne ständig unterbrochen zu werden?" „Versprochen." Sie konnte es kaum glauben: „Und dein Handy bleibt zu Hause?" „So wird es sein", sagte der Neffe. Kein anderes Geschenk hat die Tante so erfreut!
Zeit ist offenbar wertvoller als Geld, aber häufig viel schwieriger

aufzutreiben. Wer Freude
verschenken will, der sollte sich und
anderen Zeit gönnen, wie beim
Geburtstagsgeschenk für Tante Else.
Ein guter Vorschlag auch für ein
Weihnachtsgeschenk.

Am äußersten Meer

Aus einem Briefwechsel:
... Wenn unsere ganze Gesellschaft
im Advent zu einem strahlenden,
klingenden Kaufhaus wird und alle
Welt meint, krampfhaft zusammen
feiern zu müssen, verlasse ich die
Stadt, steige in den Flieger und suche
das Weite. Vielleicht sehen Sie das als
Flucht an, aber kann ich nicht auch
unter der Sonne der Kanarischen
Inseln Gott nahe sein?
Angelika St.

Liebe Frau St.,
Ihre Kritik an den überbordenden
Weihnachtsangeboten und -bräuchen
kann ich nachvollziehen, denn viele
Menschen, zum Beispiel Arbeitslose
oder Alleinstehende, fühlen sich
dabei ausgeschlossen. Da muss
man sich schon sehr viel Stille und
Besinnlichkeit erkämpfen, um wieder
zu dem eigentlichen Ursprung

des Christfestes und seinem Sinn
zurückzufinden.

Wenn Sie dieser Tage in die Sonne
und ans Meer fliegen, werden Sie
auch dort nicht mehr von allem
Äußerlichen frei sein können. Die
Weihnachtsindustrie hat längst ihre
touristischen Außenposten an allen
Enden der Erde errichtet.

Dasselbe gilt aber auch für die
Allgegenwart Gottes, wie sie etwa der
139. Psalm beschreibt:

„Nähme ich Flügel der Morgenröte
und bliebe am äußersten Meer, so
würde auch dort deine Hand mich
führen und deine Rechte mich
halten."

Dem Psalmisten geht es auch
nicht um eine flächendeckende
Weihnachtsberieselung, sondern um
unser Herz: Unsere Angst und unser
Alleinsein, unsere Flucht und unsere
Sehnsucht sind überall aufgehoben

bei dem Gott, der einst im Dunklen
und Verborgenen ein Fest der Liebe
inszenierte, das tröstend in unser
Leben leuchten will.
Darum können Sie all die
Äußerlichkeiten getrost vergessen.
Wenn Sie auf die Weite des Meeres
blicken, dürfen Sie wissen, dass
Gottes Herz viel weiter ist als unsere
manchmal so spießige Enge.
Wenn Sie den klaren Sternenhimmel
über sich sehen, können Sie ahnen,
dass seine Ewigkeit viel zeitloser ist,
als unsere selbst auferlegte Hektik uns
glauben macht.
Wenn Sie dort einfachen Menschen
begegnen, dürfen Sie sich daran
erinnern, dass Gott sich gerade
schlichten Hirten und Fischern
zugewendet hat.
Und falls Sie dort einmal dem Geläut
von Kirchenglocken nachgehen und
in einen Gottesdienst geraten sollten,
dann können Sie gewiss sein, dass
dort derselbe Christus gepredigt und

gefeiert wird und dass seine Wahrheit nicht für drei Tage, sondern für ein ganzes Leben gelten will.

Freuen Sie sich also ruhig auf die Tage in der Sonne, die ja schließlich Gottes Sonne ist, und erholen Sie sich in dem Bewusstsein, dass auch Ihrer Reise der Gruß des Weihnachtsengels gilt: „Ehre sei Gott in der Höhe und Friede auf Erden."

Schritt für Schritt

Nein, nein: Meine Krippe bereits in den Adventstagen aufzubauen, wär' mir entschieden zu früh. Was sollen Maria und Josef schon jetzt im Stall? Hirten und Könige weit vor der nächtlichen Geburt? Auch ich selbst bin längst noch nicht so weit, bin innerlich noch auf der Wanderung.

Weit ist der Weg zur Krippe, besonders für die drei Sterndeuter. Darum könnte ich wenigstens einen von ihnen schon mal auspacken, mit seinem Kamel. Ihn im Schlafzimmer aufstellen oder im Arbeitszimmer. Nächste Woche steht er dann schon am Fenster des Wohnzimmers, auf der Kommode wandern Josef und Maria.

Irgendwann nehme ich mir Zeit für einen Waldspaziergang, sammle Zweige, Moos und Gräser für das

Stallgebäude: So komme ich der
Heiligen Nacht näher, Schritt für
Schritt, und irgendwann bin ich
hoffentlich da.

Der Grund der Geheimnisse

„Wer flüstert, lügt", sagte man mir als Kind. Aber schon damals hielt ich das für eine dumme, ungerechte Behauptung, die gerade in der Vorweihnachtszeit tausendfach widerlegt wird. Wo dieser Tage Menschen ihre Köpfe zusammenstecken und flüstern, da geht es meist um menschenfreundliche, liebenswerte Heimlichkeiten. Um uns herum geschieht Rätselhaftes, Geheimnisvolles, vieles wird verschwiegen und verborgen, doch wenn die Rätsel am 24. gelöst sind, dann haben wir die Bescherung. Paulus behauptet, dass Christen in besonderer Weise Geheimnisse zu hüten hätten. Dabei meint er weniger jene liebevollen Heimlichkeiten, als vielmehr den eigentlichen Grund all unserer Festanstrengungen. Es

geht um das tiefe Geheimnis des
Christfestes, dessen Faszination sich
kaum einer entziehen kann.
Auch die Gefangenen nicht, die
ich vor vielen Jahren im Gefängnis
besuchte. Obwohl sie zu Hause
wenig vom Frieden der Weihnacht
erleben durften, ahnten sie etwas und
schienen sich nach dem Geheimnis
dieser Zeit zu sehnen.
Zwar gibt es genug analytische,
soziologische, selbst werbepsycho-
logische Deutungen für die
Faszination dieser Tage, aber den
Kern des göttlichen Geheimnisses
können sie nicht erfassen. Es gibt
Kategorien der Tiefe, die unsere
Labore und Apparate nie begreifen
können. Wir sind von Wahrheiten
umschlossen, die größer sind als wir
selbst und höher als alle menschliche
Vernunft. Liebe, Verheißungen,
Segen – solche Mysterien Gottes
werden wir nie erklären oder besitzen
können, doch wir können darum

bitten, dass wir sie erleben. Dann wird sich Gott, der als ein Kind kommt, von uns finden und erfahren lassen. Dann kann unsere eigene Biografie in diese zarte, wärmende Liebesgeschichte eingebunden werden. Darum sollten wir ihr Geheimnis bewahren und mit Paul Gerhardt staunend vor der Krippe stehen:

*Ich sehe dich mit Freuden an
und kann mich nicht satt sehen;
und weil ich nun nichts weiter kann,
bleib ich anbetend stehen.
O dass mein Sinn ein Abgrund wär
und meine Seel ein weites Meer,
dass ich dich möchte fassen!*

Der Trompetenwunsch

Als ich 14 Jahre alt war, wünschte ich
mir zu Weihnachten eine Trompete.
Aber meine Eltern schenkten mir
eine Blockflöte mit den Worten:
„Beweis dich erst mal an diesem
Instrument!" Als ich meinen Wunsch
im nächsten Jahr wiederholte, bekam
ich eine F-Flöte geschenkt. Da gab
ich es auf.
Vor einem Jahr schleppte mich eine
Freundin in einen Jazzclub. Da sah
und hörte ich einen großartigen
Trompeter. Mit einem Mal war mein
Wunsch wieder lebendig, nach 40
Jahren. Am nächsten Tag fuhr ich
zum nächsten Musikalienhandel und
schenkte mir selbst eine Trompete.
Glücklich fuhr ich nach Hause,
einen Musiklehrer fand ich ein paar
Tage später auch. Angeblich war ich
begabt und es machte mir großen
Spaß. Als ich mein erstes Lied „Der
Mond ist aufgegangen" spielte,

musste ich an meine Eltern denken.
Schade, dass sie das nicht mehr
miterleben durften.

Natürlich können Eltern nicht alle
Wünsche erfüllen. Aber wir sollten
uns manche Träume bewahren und
sie nicht belächeln. Irgendwann
kommen sie wieder hervor und
zeigen uns, dass wir lebendig und
lernfähig sind.

Musikalische Nachbarschaft

Interessiert blicken die Freunde
auf meine neue Trompete und
den Notenständer, dann schauen
sie zur Decke: „Was sagen denn
die Nachbarn zu deinem täglichen
Üben?", fragen sie scheinheilig. „Die
sollen ganz still sein", entgegne ich,
„wo die mich schon seit Jahren mit
ihren kleinen Töchtern sowie mit
Klavier und Geige beschallen." „Na,
dann kann sich ja keiner beklagen",
meinen sie lachend.

Tut auch keiner, im Gegenteil.
Gestern, als die Mutter über mir ein
Weihnachtslied einübte, antwortete
ich auf der Trompete. „Bravo!", rief
sie anerkennend und übte weiter.
Etwas später klopfte es an meiner
Wohnungstür. Die kleine Tochter
stand da, mit einer noch kleineren
Geige und einem Notenblatt.
„Kannst du mir das mal vorspielen?",

fragte sie und blickte neugierig auf meine Trompete. „Morgen kommt der Weihnachtsmann" stand da und war ganz und gar nicht in meiner Tonart aufgeschrieben. Ich versuchte es trotzdem und spielte so schauderhaft, aber erkennbar, dass das Mädchen befriedigt abzog. Auch ich war bester Laune und sagte mir: Siehst du, so friedlich kann Nachbarschaft sein.

Der Tag ist nicht mehr fern

Es ist eine der Weisheiten unserer Gesangbücher: Gerade die Dichter, die eigene Tiefen durchleben mussten, können den Trost unseres Lebens am überzeugendsten ausdrücken. Jochen Klepper gehört dazu. Er musste sich in der Nazi-Zeit schwere Sorgen um seine Frau und deren Töchter machen. Aber er lebte selbst in der besonderen Erwartung des Advents. Darum konnten ihm am Nachmittag des 18. Dezember 1938 diese tröstlichen Zeilen einfallen:

Die Nacht ist vorgedrungen,
der Tag ist nicht mehr fern.
So sei nun Lob gesungen
dem hellen Morgenstern!
Auch wer zur Nacht geweinet,
der stimme froh mit ein.
Der Morgenstern bescheinet
auch deine Angst und Pein.

Text und Melodie dieses
Chorals transportieren nicht
den Glöckchenklang einer süßen
Weihnacht, sondern den ehrlichen,
herben Ton einer Sehnsucht, die
allerdings weiß, bei wem sie den
Trost des Lebens finden kann.
Klepper ahnt, dass die Angst
vor Ghetto, Zwangsscheidung,
Deportation und KZ über ihn
hereinbrechen wird. Aber er weiß
auch, dass seine Rettung vom Kind
in der Krippe kommt.
Auch ich glaube, dass unsere
Belastungen und Bedrohungen
aufgefangen sind in der tröstenden
Hand Gottes, die uns auch im
finsteren Tal nicht loslassen wird.
Klepper schreibt in seinem
Tagebuch: „Wir hoffen irdisch
nichts mehr; aber wo wir von
Gottes Freundlichkeit gesungen und
gepredigt hören, wird uns das Herz
weit."

Darum führt er sein Weihnachtslied
fort:

Noch manche Nacht wird fallen
auf Menschenleid und -schuld.
Doch wandert nun mit allen
der Stern der Gotteshuld.
Beglänzt von seinem Lichte,
hält euch kein Dunkel mehr.
Von Gottes Angesichte
kam euch die Rettung her.

Ich spüre, dass es Weihnachten
nicht nur um Vergnügen, sondern
um Vertrauen geht. Der „Stern der
Gotteshuld" wandert mit uns und
wirft seinen tröstlichen Schein auch
auf unsere zaghaften und krummen
Wege. Und er bezeugt: Die Rettung,
die mit der Geburt des Kindes
beginnt, gilt für alles, was hinter uns
liegt und was uns noch bestimmt sein
wird.

Mehr Freude als Stress

„Um Himmels willen, ich bin kurz
vorm Nervenzusammenbruch. Es
steht noch so viel auf meinem Zettel.
Wie soll ich das alles nur schaffen?!"
Es fällt mir schwer, die Nachbarin
zu beruhigen. Zu groß ist der
Erwartungsdruck ihrer Familie:
Feierlich soll das Fest sein,
wohlschmeckend das Essen, passend
die Geschenke und die Atmosphäre
harmonisch. Keiner kann das alles
erfüllen!
Mein Tipp: mehr Gelassenheit! Was
Sie jetzt nicht auf die Reihe kriegen,
haben Sie eben nicht geschafft.
Machen Sie das Beste daraus und
schalten Sie erst mal einen Gang
runter. Es ist ohnehin falsch, von den
drei kommenden Tagen all das zu
erwarten, was man das ganze Jahr
über nicht geschafft hat.
Darum rate ich für die kommenden
Tage: Gönnen Sie sich Zeit.

Schließlich war auch die Sache mit
dem Kind in der Krippe nicht in drei
Tagen gegessen. Im Gegenteil: Da
fing das Leben dieses Jesus Christus
erst an. Darum rate ich, die Hoffnung
und die Freude besser aufzuteilen,
damit Sie länger etwas davon haben.
Weihnachten will ein Anfang sein,
nicht mehr und nicht weniger. Dafür
wünsche ich Gelassenheit und Segen.

Der Engel über Bethlehems Feldern

prophezeite den Hirten nicht
„einen mörderischen Stress
und einen nervenden
Warenaustausch".
Stattdessen verkündigte er ihnen
„große Freude,
die allem Volke widerfahren soll!".

Die *Freude,*

die uns *bleibt*

Weihnachten

Weihnachtsgebet

Herr, dein Stern glänzt wieder in die
stille Zeit,
all die gnadenlosen Stimmungslichter
strahlen mit.
Mach, o Vater, uns zu deinem Licht
bereit,
frei, zu horchen nur auf deiner
ernsten Ankunft Schritt.

Oft scheint der Gewalten Gang uns
absolut,
weil du heute deine wahre Majestät
verhüllst.
Oft fehlt, Herr, verzeih, zu glauben
noch der Mut,
dass du deine Prophezeiung auch an
uns erfüllst.

Sieh, wir haben längst vergessen
ihren Klang,
denn im Tag betäubt uns schnell so
manche Freudigkeit.
Doch von Angst umklammert wird

dem Herzen bang,
und wir stehen voll Verzweiflung in
der Dunkelheit.

So zieh wieder, Herr, in unsre
Herzen ein,
gib uns unstillbare Sehnsucht nach
dem heil'gen Wort,
lass die alte Botschaft neue Tröstung
sein
und des Glaubens Freude in uns
wachsen immerfort.

Herr, wir wolln der Krippe in der
Hoffnung nahn,
dass für jeden, der die Angst nicht zu
ertragen meint,
wie's in Bethlehem einst auch die
Hirten sahn,
dein Erlösungszeichen in sein armes
Leben scheint.

Weihnachten im Knast

24. Dezember, 15 Uhr
Ich gehe über den Bahnhofsplatz. Ein
Nachmittag wie jeder andere, möchte
man meinen. Und doch liegt in der
Luft eine ungewohnte Mischung
aus Besinnlichkeit und Hetze, aus
Erwartung und Einsamkeit. Die
Leute haben es eiliger als sonst, nach
Hause zu kommen. Ich steige in
ein Taxi: „Zum Gefängnis bitte!"
Wie das klingt, als hätte ich etwas
Unanständiges gesagt. Der Fahrer
schaut prüfend zu mir herüber,
dann lässt er den Motor an. Die
Hauptgeschäftsstraße ist überfüllt,
wir biegen in Richtung Stadtrand ab.
Meine Gedanken sind schon beim
Gottesdienst.
Der Fahrer neben mir seufzt: „Am
liebsten wär ich jetzt auch im Knast!"
Was sagt er da? Erstaunt frage ich
zurück: „Sie wollen am Heiligen
Abend im Gefängnis sein?" „Ja",

sagt er bitter und zieht den Wagen
in eine Kurve: „Heiligabend ist für
mich ein furchtbarer Tag!" Ich sehe
fragend hinüber, da sprudelt es auch
schon aus ihm heraus: Weihnachten
bedeute ihm gar nichts mehr, seit
seine Frau ihn verlassen hätte.
Er wolle die ganze Nacht Dienst
tun, um nur nicht allein zu sein.
Pausenlos erzählt er weiter, ich sage
nur ab und zu ein Wort. Wir sind
längst am Ziel. Vor dem Gefängnis
ein geschmückter Baum. Was ist der
Sinn des Lebens? Ich versuche, ihm
etwas zu sagen, es kommt mir recht
kümmerlich vor. Er drückt mir zum
Abschied die Hand. Ich sehe den
Schlusslichtern des Wagens nach,
dann lässt mich ein Beamter durchs
Tor. Scheinwerfer bestrahlen die
Mauern. Das Gefängnis war einst
ein KZ. Nein, heil ist unsere Welt
auch am Heiligabend nicht, weder
draußen noch drinnen.

Eine Handvoll Beamter und an die hundert blaubejackte Insassen, ihr Urlaubsgesuch wurde abgelehnt, oder sie kennen draußen niemanden, der sie einladen will. Tannen am Altar, dazu die alten Lieder. Eine Musikband begleitet den Gesang. Ein Gefangener spielt Geige, ein anderer spricht ein selbst verfasstes Gedicht. Beide tragen Zivil, sie haben acht Tage Familienurlaub. Nur zum Gottesdienst sind sie zurückgekommen, haben auf ein paar Stunden Freizeit verzichtet, um ihren Mithäftlingen den Tag zu erleichtern. Mir fällt der Taxifahrer ein: Ob er hier ein kleines Stückchen Sinn fände? Die Predigt soll Mut machen und trösten. Ob es mir gelingt? Selten sah ich so aufmerksame Zuhörer.

Nach dem Gottesdienst geht es zurück in die Zellen. Die Beamten haben Schichtwechsel, der Nachtdienst rückt ein. Ich rede mit

dem Schichtführer. Seine Frau ist
Alleinsein gewöhnt. Er gibt mir ein
Schlüsselbund, ich ziehe los. Ein
Kollege begleitet mich.

Wir besuchen die Männer auf ihren
Zellen. Lange kahle Gänge, Tür an
Tür. Aufschließen, eintreten und
von innen zuschließen, und das
sechzigmal. Einige liegen auf den
Betten, andere spielen Karten oder
hören Radio: „Grüße an deutsche
Seeleute in aller Welt." Wir bringen
bunte Kerzen, Kalender und
Kleinigkeiten. Hier zählt das viel.
Keiner lästert heute. Die Stimmung
ist nicht aggressiv, auch bei den
Gewalttätern nicht. Viele von ihnen
sind in sich gekehrt und denken an
frühere Jahre. Meist gab es in ihrer
Kindheit nur Spuren von Liebe und
Freude. Aber es ist eine Ahnung
da, ein Traum. Unser Besuch und
die kleinen armseligen Mitbringsel:
vielleicht deuten sie manchem an,
dass alles ganz anders sein kann.

Einer schreibt einen Brief an seine
Frau. Man hat ihm den Urlaub
verweigert, er weint vor Wut und
Enttäuschung.
Ich werde in ein paar Stunden zu
Hause sein. Wir sind ja frei, wir
haben den Schlüssel. Aufschließen,
zuschließen, aufschließen,
zuschließen. Wir führen viele
Gespräche und schütteln viele
Hände. Mehr können wir nicht tun.
Unsere Besuchstour hat angestrengt,
aber es liegt ein Sinn darin. Auch für
uns selbst.
Die Bahn rollt durch die Nacht.
Es gibt nicht mehr viele Fahrgäste
heute. Ich suche ein leeres Abteil
und mache es mir bequem. Draußen
erleuchtete Häuser, Kerzenschein,
Fernsehflimmern. Ab und zu ein
Auto. In einer Stunde bin ich zu
Hause. Wahrscheinlich bekomme
ich den Schluss der Christmette noch
mit: eine besinnliche Viertelstunde in
der Stillen Nacht.

Tropfen rollen über die Scheibe. Ich stütze den Kopf müde in die Hand; der Tag war lang.

Meine Gemeindekirche wird voll sein. Wir werden gemeinsam singen: „Stille Nacht, heilige Nacht!" Man kann einiges gegen das Lied sagen, ich weiß, aber dort heißt es auch „Christ, der Retter, ist da". Der Satz ist wichtig! Er könnte der Schlüssel sein für den Taxifahrer und die Gefangenen. Ihre Einsamkeit muss nicht das Letzte sein. Wo Jesus ins Spiel kommt, ist Grund zur Hoffnung. Christ, der Retter, ist da. Die Lichter des Bahnhofs tauchen auf, der Zug fährt ein ...

Einmal

fällt glanz vom himmel
auf die verdutzte herde
und leuchtet den staunenden
heim
der weg nach hause
ist der weg ins licht

... *mehr als Theater*

Ich war gerade drei Jahre alt, als
ich „unser" Krippenspiel zum
ersten Mal miterlebte: am vierten
Advent 1947 war's, in einem kleinen
niedersächsischen Dorf. Viel verstand
ich damals noch nicht, als ich sieben
Engel in weißen Gewändern mit
brennenden Kerzen durch die dunkle
Kirche zum Altar schreiten sah. Aber
die erwachsene Gemeinde, aus Krieg,
Trümmern und Gefangenschaft
noch einmal davongekommen,
hörte desto aufmerksamer zu, als
die klare Stimme des weiblichen
Vorspruchengels erklang:

Dunkel die Welt und das Leben oft schwer,
Frau Sorge schleicht an den Häusern umher.
Durch unsre Reihen schritt der Tod,
auf allen Herzen lastet Not.

Und viele Herzen drückt die Schuld.
Ach Herr, hab du mit uns Geduld,

wir sind dir so unendlich fern,
wir hatten diese Welt zu gern.

Ihr Lied klang süß in unsren Ohren,
da haben wir dich ganz verloren.
Nun ist es dunkel um uns her,
nichts als die Sehnsucht bleibt uns mehr.

Meine Großmutter flüsterte mir
zu, das Spiel hätte meine Mutter
geschrieben. Ich aber wartete
nur darauf, dass es heller würde.
Die vielen anderen Engel wollte
ich sehen, dazu Maria und Josef,
die Hirten, die Könige und die
Kinder. Und dann würde die ganze
Gemeinde aufstehen und „O du
fröhliche" singen.

Ein Jahr später durfte ich selbst
mitspielen, ein kleines Kind zwar,
aber immerhin.
Hell erleuchtet war die Kirche, und
irgendjemand schob mich aus der
Bank in den Mittelgang, neben mir

zwei andere Dreikäsehochs. Maria und die Engel schauten uns lächelnd entgegen, als wir die Altarstufen emportapsten. Da stand die Krippe, und es lag keine Puppe drin. Nur einmal, hatte mein Vater vorher erklärt, einmal habe wirklich ein Baby darin gelegen, das Jesuskind.

Irgendwer knuffte mich in die Seite, und ich rief mit heller Stimme:

Du lieber, heil'ger, frommer Christ,
weil heute dein Geburtstag ist,
drum ist auf Erden weit und breit
bei allen Kindern frohe Zeit.

Ich wusste nicht, warum der Vorspruchengel mit den langen blonden Haaren ein Lachen unterdrückte. Neben mir versprach sich ein kleines Mädchen. Wir knieten nieder, und über uns sang es vielstimmig:

O du fröhliche, o du selige,
gnadenbringende Weihnachtszeit!

Hildesheim, 1950. Wir waren
umgezogen. Eine Kirche hatten
sie hier noch nicht, nur einen
Gemeindesaal. Das Krippenspiel
musste zweimal aufgeführt werden,
und man hatte mir eine neue
Rolle zugewiesen. Als Hirtenjunge
wanderte ich neben und unter den
wilden abgerissenen Burschen mit.
Knorrige Krückstöcke trugen sie,
Petroleumlampen und breitkrempige
Hüte. Einer spielte auf der Flöte und
wir anderen sangen:

So legt euch denn, ihr Brüder,
in Gottes Namen nieder,
kalt ist der Abendhauch ...

Dann senkte sich Dunkelheit über
unser Lager. Aber durch die halb
geschlossenen Augen entdeckte
ich einen Lichtschein, der von

den Engeln ausging, und hörte ein
leises Summen von der Orgel her.
Der mit der Lampe rüttelte seinen
Nebenmann: „Heinrich, steh auf
vom Schlaf!" Doch der grunzte nur:
„Was soll's?" Nochmal der Erste:
„Ein seltsam Licht ist um uns her!"
Sein Nachbar winkte ab: „Will meine
Ruh!" Aber der Hirte wandte sich an
den Nächsten:

„Karl, wach doch auf, ich fürcht
mich sehr,
so eine Nacht war noch nie bisher!"

Auch Karl reagierte unwillig:

„Was störst' mich denn in meiner
Ruh?
Leg dich und tu die Augen zu!"

Aber der Hirte hatte so etwas in
seiner Stimme, was uns andere
langsam aufweckte:

„Das Licht wird heller, meh´ und
meh´,
der Glanz tut schon den Augen weh!"

Jetzt richtete sich auch Karl auf:

„Fürwahr, wie sieht das seltsam aus,
als strahlt's zum Himmelstor hinaus!"

Bald rieben wir uns alle die Augen
und der erste Hirte rief:

„Ihr Hirten all, erwacht, erwacht!
Ein herrlich Licht hat sich
aufgemacht!
Das ist wohl nicht von dieser Welt:
eine Botschaft des Himmels es
vermeldt!"

Der alte Hirte neben mir legte
ängstlich die Hände über die Augen:
„Zu hell ist für unsere Augen der
Glanz,
ich fürcht, wir müssen vergehen
ganz!"

Und da war sie wieder, die Stimme
des Vorspruchengels. Als sie uns
zurief: „Fürchtet euch nicht, siehe,
ich verkündige euch große Freude
...", da fielen wir wie ein Mann
auf die Knie. Die Engel sangen,
und als sie uns wieder verlassen
hatten, waren wir noch immer ganz
benommen. Irgendwann durfte ich
endlich meine Frage loswerden:

„Was tät' der Engel uns verkünden?
Wo sollen wir das Kindlein finden?"

Und als das Gespräch auf die
Geschenke kam, die wir dem
Jesuskind mitbringen wollten,
schlug ich vor: „Zum Spielen bring
ich ihm ein Lamm!" Eine Frau
aus der Gemeinde hatte mir ein
wunderschönes Lamm genäht, das
wir Pummel Seidenhaar nannten,
und es fühlte sich auch so an.
Als wir zur Krippe stolperten, hielt
ich es im Arm, jedes Weihnachten

zweimal, viele Jahre lang. Dann zog unsere Familie aus dieser Gemeinde fort, aber das Krippenspiel nahmen wir mit.

Syke, 1958. Die Hirten mussten ohne mich auskommen, denn nun war ich den drei Weisen zugeordnet. Als die Kronleuchter in der großen Kirche aufflammten, der Chor „Wie schön leucht' uns der Morgenstern" anstimmte und die ersten Gemeindeglieder neugierig nach hinten schauten, kam ich gemessenen Schrittes aus der Turmhalle. Ich trug einen Turban auf dem Kopf und an einer langen Stange einen goldenen Stern. Hinter mir die drei Weisen, weiß und braun, reichlich behangen und üppig geschmückt. In der Mitte des Ganges machte ich halt und rief dem Vorspruchengel dort oben im Altarraum zu:

„Wir heil'gen drei Könige folgen dem
Stern.
Wir kommen von fern her gezogen.
Wir suchen den neuen König und
Herrn,
der unter dem Stern ist geboren.
Wir wollen Weihrauch, Myrrhe und
Gold
zum Opfer bringen dem Knäblein
hold."

Und die Frau, die den Engel
darstellte, antwortete mit heller
Stimme:

„O Menschenkind, halte treulich
Schritt!
Die Kön'ge wandern, o wandre mit!
Der Stern der Liebe, der
Gnadenstern,
erhelle dein Ziel, so du suchst den
Herrn!
Und fehlen Weyhrauch, Myrrhe und
Gold,
schenke dein Herz dem Knäblein

hold.
Schenk ihm dein Herz!"

„Drei Kön'ge wandern", sang der
Chor, und ich setzte mich wieder
in Bewegung, die Könige hinter
mir. Ganz oben neben dem ersten
Engel war mein Platz, da konnte
ich alles übersehen. Und als die
Gemeinde stehend sang „Freue
dich, o Christenheit!", da nahm ich
meinen Stern, eine tragende Rolle,
und führte den Auszug der Engel an,
Maria und Josef, Hirten, Könige und
Kinder folgten singend nach. Ein
erhebender, andächtiger Augenblick.

Syke, 1968. Irgendwann spielte ich
„unser" Krippenspiel zum letzten
Mal. Längst waren wir Studenten,
die Könige und ich. Unsere
Universitätsstadt war Münster im
Westfälischen. Oft kamen wir nicht
mehr nach Hause, wir hatten anderes
zu tun.

Aber wenn es Weihnachten wurde,
dann setzten wir uns auf die Bahn.
Proben mussten wir nichts, bevor
sich die anderen um die Krippe
versammelten. Was wir zu sagen
hatten, kannten wir im Schlaf,
aber wir wollten es einmal im Jahr
vortragen dürfen. Einmal mit den
Engeln am Altar stehen, wenn die
Kinder ihre Verse aufsagten, wie
ich 20 Jahre zuvor. Wenn dann am
Schluss der alte Hirte aufstand und
sagte:

„Halleluja, Halleluja,
das ist die Freude, die uns bleibt,
wenn unser Weg ins Dunkel treibt.
Halleluja, halleluja,
so wollen wir dich droben
voll heil'ger Freude loben", dann
wussten wir, dass dieses Spiel für uns
zugleich ein Bekenntnis war. Dann
spürten wir, dass wir auch wirklich
meinten, was wir mit der Gemeinde
sangen:

... Welt ging verloren,
Christ ward geboren.
Freue dich, o Christenheit!

Heiligabend in der Kneipe

Ich weiß: Heiligabend in die Kneipe gehen, das tut man nicht! Als ich zu nächtlicher Stunde trotzdem in meine Stammkneipe schaue, wundere ich mich, wie gut besucht sie ist und wie freundlich es dort zugeht. Auf den Tischen bunte Weihnachtsteller und ein Windlicht, am Tresen stehen mir bekannte Taxifahrer, Journalisten und Grafikerinnen. Am Nebentisch spielt ein Lehrer mit einem Sänger Schach, und der grauhaarige Alkoholiker, der mir immer von seinen Verwandten erzählt, ist in der Ecke eingeschlafen.

Ingrid stellt sich neben mich, im dunklen Kostüm, in dem sie heute ihren schwierigen Vater besucht hatte. „Es war sehr anstrengend", sagt sie, „weil man so viele Themen ausklammern muss. Meine Schwester geht schon gar nicht mehr hin."

Und schon sind wir in ein intensives
Gespräch über Weihnachten und
Familie vertieft. Es gibt viel zu
erinnern und manches zu beklagen.
Der Barkeeper und ein Schachspieler
mischen sich ein. Für uns vier
Singles wird es ein anregender
Weihnachtsabend in der Kneipe,
auch wenn man so etwas eigentlich
nicht tut ...

Noch ist Zeit

Obwohl man ihm Beruhigungsmittel gegeben hatte, fühlte der Patient sich nervös und innerlich unruhig. Das Bett neben ihm stand leer, und so war er mit seiner Unzufriedenheit allein. Er lag im achten Stock, draußen schien sich eine nasskalte Dämmerung auszubreiten. Deutlich konnte er den Fluss erkennen, davor die Häuser, in denen nach und nach die Lichter angingen, lauter weiß-gelb leuchtende Vierecke.

„Wo nur meine Frau bleibt?", dachte er ungeduldig und angelte nach der Uhr auf dem Nachttisch. Während er sich mühsam auf die Zeiger konzentrierte, hörte er, wie die Tür seines Zimmers leise geöffnet wurde. Nervös schaute er auf, doch die Tür verharrte in halb geöffnetem Zustand, nichts geschah. „Ja, bitte!", rief er mit jener Forschheit, mit der er auch in seinem Büro zu regieren

pflegte. „Danke", antwortete eine
helle Stimme, und die Tür wurde
ganz geöffnet.
Auf der Schwelle stand ein kleines
Mädchen in einem roten Bademantel
und blickte den Patienten mit großen
Augen an.
„Du hast dich sicher verlaufen",
sagte er etwas milder gestimmt.
Das Mädchen antwortete nicht,
sondern kam in das Zimmer herein.
„Schön hast du's hier", sagte sie
und blickte sich um. „Schön?",
fragte er fast verächtlich und fügte
mit einem gewissen Trotz hinzu:
„Wo denn?" „Da", antwortete das
Mädchen und lenkte seinen Blick auf
den Nachttisch. Eine gelbe Kerze
stand dort, und in der Vase ein
Tannenzweig, an den die Schwestern
zwei Strohsterne gehängt hatten.
Der Luftzug bewegte sie leicht,
fast, als schwebten sie. Der Patient
hatte den Strauß bisher nur mit
einem Seitenblick wahrgenommen.

Die Tatsache, dass heute der 24.
Dezember war, hatte er in den letzten
Stunden verdrängt. Jetzt aber fiel
es ihm wieder ein, und er erschrak
bei dem Gedanken. „Nun habe ich
nicht einmal Geschenke besorgt",
murmelte er halblaut und dachte
an seine Frau und die Enttäuschung
der Kinder. Es war alles zu schnell
gegangen mit seiner Einlieferung,
keine Zeit mehr für die üblichen
Vorbereitungen.

„Du hast doch genug zum
Schenken", sagte das kleine
Mädchen, setzte sich auf das
Nachbarbett und baumelte mit den
Beinen. „Ich? Was denn?", fragte
der Mann erstaunt, und es klang fast
ein wenig bittend. Das Mädchen
lächelte verständnisvoll: „Zum
Beispiel Zeit", sagte sie, „du hast
sehr viel Zeit." „Zeit kann man nicht
verschenken", erwiderte der Mann.
Es sollte belehrend klingen, kam aber
ein wenig unsicher heraus. „Natürlich

kannst du Zeit verschenken", seine
Besucherin war voller Überzeugung.
„Und wie, wenn ich bitten darf?",
fragte der Patient. „Durch Zuhören",
kam es wie selbstverständlich vom
Nachbarbett, „du kannst doch
zuhören." „Zuhören", dachte der
Patient, und es kam ihm wie ein
Fremdwort vor. Wenn die Leute von
einem den ganzen Tag Erklärungen
und Entscheidungen erwarten, dann
kommt man nicht mehr so recht zum
Zuhören, und die Zeit wird knapp ...
Das merkwürdige Mädchen sprach
weiter: „Du hast sooo viel Zeit",
sagte sie mit ihrer hellen Stimme und
streckte die Hand aus, als ob sie die
Zeit fühlen könnte: „Du kannst doch
etwas davon abgeben?"
Der Patient betrachtete verwundert
das Zimmer, aber er konnte die
Zeit nicht sehen. Er dachte an die
Aufregung, die sein Herzinfarkt
gebracht hatte, an die vielen
wichtigen Dinge, die liegen geblieben

waren und eigentlich dringend erledigt werden mussten. Hektik und Konkurrenzkampf waren in seinem Beruf groß. Man hatte ja schließlich seine Verantwortung, aber jetzt ... Auf einmal schien alles weniger wichtig zu sein. Die Gewichte seines Lebens waren verrutscht. Manches, was noch gestern absoluten Vorrang hatte, trat in den Hintergrund. Jetzt hatte er wirklich Zeit: für seine kleine Besucherin, für ungewohnte Gedanken und für einen Zweig mit zwei Sternen dran. Genug, um davon etwas abzugeben? Er kam ins Grübeln, während die Dämmerung vollends in sein Zimmer zog. Er konnte das Mädchen nur noch schwach erkennen, und als er nach einer Weile wieder hinguckte, war sie nicht mehr da.

Es klopfte, Licht flammte auf. Seine Frau stand im Türrahmen, schwer beladen und abgehetzt.

„Entschuldige meine Verspätung",
bat sie und sah ihn ängstlich-prüfend
an. „Macht nichts", sagte er zu ihrer
Verwunderung, „ich habe ja jetzt viel
Zeit." Und lächelnd fügte er hinzu:
„Nimm dir erst mal einen Stuhl,
setz dich und erzähl von zu Hause.
Vielleicht können wir auch diese
Kerze anzünden."
Die Frau traute ihren Ohren nicht.
Sie ließ sich auf den Stuhl fallen und
atmete tief durch, das erste Mal nach
langer Zeit.

Leise

draußen gedränge
drinnen getöse
lärmende sorgen
engel der stille
komm
eintreten federleicht
ausatmen flügelsanft
leise begleiten
luftzug der kerze
lichthelles staunen
komm

Nicht heil, sondern heilig

Zu Weihnachten setzt man bei
uns die heile Familie gern mit der
heiligen Familie gleich. Dabei war
jene Familie, die uns bei Lukas
geschildert wird, in ihrer verlobten,
schwangeren, obdachlosen und
flüchtenden Situation alles andere als
der Inbegriff einer heilen Welt. Wenn
also selbst Maria, Josef, das Jesuskind
und ihre nächtlichen Gäste aus dem
Rahmen fielen – warum müssen wir
dann der Vorstellung einer heilen
Familie genügen? Wichtiger als das
festliche Gewand, das feierliche Essen
und die harmonische Stimmung
ist, dass wir mit leeren Händen
und offenem Herzen zur Krippe
kommen.

Weiter

als der Traum
einer heilen Welt
trägt uns der Trost
der Heiligen Nacht.

Flötenspiel über der Alster

„Fröhliches Fest!", rief der
Taxifahrer hinter ihm her, aber da
hatte Wolfgang Block die Autotür
schon von außen zugeschlagen.
„Gleichfalls", murmelte er
grimmig und ging mit seinen zwei
Aktenkoffern auf die Haustür
zu. „Das einzig Sinnvolle an
Weihnachten ist, dass man in Ruhe
seine Akten aufarbeiten kann",
sagte er zu sich selbst und setzte
den einen Koffer ab, um in der
Manteltasche nach seinem Schlüssel
zu suchen. In diesem Augenblick
kam eine Nachbarin heraus und
hielt ihm die Tür auf. Er nickte ihr
höflich lächelnd zu und verschwand
im Treppenhaus. Einen engeren
Kontakt pflegte man in diesem Hause
nicht. Hier war sich jeder selbst der
Nächste, und das war gut so.
Im Flur duftete es nach Gebäck,
auf der Treppe hörte Wolfgang

Block laute Weihnachtsmusik, was
ihn ärgerlich stimmte. „Wenigstens
in seinen eigenen vier Wänden
kann man wohl noch vor dieser
Gefühlsduselei sicher sein", dachte er
und öffnete die Wohnungstür.
Hier erinnerte ihn nichts an
Heiligabend. Alles war wie immer.
Alles hell und stilvoll. Alles da, wo
es hingehört. So wollte Wolfgang
Block es haben. So würde er einen
ungestörten und produktiven Abend
verleben, und das war gut so.
Der Wein war edel, die klassische
Musik sollte seine Ausgeglichenheit
fördern, und die Arbeit hätte
eigentlich gut von der Hand gehen
müssen. Wolfgang Block war
das Alleinsein gewöhnt, er hatte
sich damit arrangiert. Manchmal
überkam ihn zwar Neid auf die
Familien und Freundschaften
anderer, ab und an flog ihn auch eine
melancholische Stimmung an. Aber
das geschah ganz selten ...

Im Großen und Ganzen hatte er
sich gut mit seiner Lebenssituation
zurechtgefunden und alles bestens im
Griff.

Desto mehr ärgerte es ihn, dass sich
ausgerechnet heute Abend keine
rechte Zufriedenheit einstellen
wollte. Die Musik und die Geräusche
freudiger Geschäftigkeit im Haus
störten ihn, die Arbeit fand nicht
seine Aufmerksamkeit, selbst der
Wein schmeckte ihm nicht wirklich.
Einmal ertappte er sich sogar dabei,
dass er aufstand und durch den
Türspion auf den Hausflur schaute:
Seine Nachbarin empfing
Familienbesuch. Er verabscheute
diese Neugier, doch heute
schien er auf manches anders zu
reagieren. Nur, um sich ein wenig
zu zerstreuen, spielte er an seinem
Telefonanrufbeantworter herum,
den er vor allem aus dienstlichen
Gründen angeschafft hatte.
Natürlich war nicht zu erwarten,

dass ausgerechnet heute einer seiner
Kunden etwas daraufgesprochen
hatte, obwohl er es fast wünschte, den
Klang einer menschlichen Stimme
zu hören. Seine Ansage endete
wie üblich mit der Aufforderung:
„Bitte sprechen Sie jetzt!", und
dann ertönte jener hohe Piepton.
Erwartungsgemäß erfolgte nichts als
ein Rauschen, doch dann erschrak
Herr Block ein wenig. Aus dem Gerät
erklang eine hohe Frauenstimme, die
er noch nie zuvor gehört hatte. Eine
hohe klare Stimme war das, ernsthaft
und bestimmt: „Also um 18 Uhr auf
dem Alsteranleger Rabenstraße. Bis
dahin: gesegnetes Fest."
Block war ein nüchterner Mensch,
falsche Telefonverbindungen oder
dumme Scherze konnten ihn nicht
aus der Fassung bringen. Aber da
klang diese positive Bestimmtheit aus
der Stimme der Anruferin und die
machte ihn neugierig.
Im Übrigen war der Anleger

nur zehn Minuten Fußweg
entfernt. Was lag näher, als seinen
Abendspaziergang in diese Richtung
zu lenken? Schaden konnte es nicht,
und vielleicht brachte ihn dieser Weg
auf andere Gedanken.
Nass und verhangen war die
Dämmerung. In der Johnsallee
leuchteten Kerzen aus den Fenstern,
von St. Johannis am Turmweg
tönte Glockengeläut. Wolfgang
Block ging schneller. Als er die
Brücke zum Anleger betrat, wurde
sein Schritt verhaltener. Er blieb
stehen und blickte nach vorn. Die
Häuser am anderen Ufer wirkten
wie ein leuchtendes Band, der
Anleger war von einer einzigen
Laterne beleuchtet. Daneben eine
Bank und das Wartehäuschen
für Schiffspassagiere. „Natürlich,
niemand da", sagte sich Wolfgang
Block mit einer gewissen Befrie-
digung und wandte sich wieder
zum Gehen. Doch mitten in der

Drehung verharrte er: Er glaubte
seinen Ohren nicht zu trauen, über
dem Wasser schwebte eine zarte,
zaghafte Flötenmelodie. Irgendein
Weihnachtslied schien es zu sein, er
hatte es schon früher einmal gehört.
Wolfgang Block war verwirrt, ein
wunderliches Gefühl bemächtigte
sich seiner.
Gab es das, dass jemand ausgerechnet um diese Zeit in einem Boot
saß und Weihnachtslieder blies,
oder kam die Musik vom Anleger?
Er machte einige Schritte zum
Wasser hin, die Flötentöne wurden
deutlicher. Zögernd und fast auf
Zehenspitzen ging er die Treppe
hinunter bis an den Anleger und
blieb wie angewurzelt stehen. Ihm
bot sich eine ungewöhnliche Szene:
Auf der Bank in dem zum Wasser
hin offenen Wartehäuschen saß
ein älterer Mann in abgetragenen
Kleidern. Ein Stadtstreicher?
Neben dem Flötenspieler stand eine

Plastiktasche, vor ihm ein kleiner
Klapptisch mit einem Tannenzweig
und einer Kerze, die nicht brannte.
Wolfgang Block hatte, wenn
überhaupt, etwas anderes erwartet.
Als er sich wieder zum Gehen
wandte, unterbrach der einsame
Spieler seine Melodie: „Augenblick,
der Herr!", rief er ihm zu, und
Block zögerte. „Hätten Sie wohl
ein Streichholz für meine Kerze?",
wurde er so höflich gefragt, dass er
unwillkürlich zu seinem Feuerzeug
griff und es dem eigenartigen
Einsiedler reichte. Im Schatten
der Flamme sah er ein unrasiertes
freundliches Gesicht, ganz auf das
Anzünden der Kerze konzentriert.
Noch immer schien die
weihnachtliche Flötenmelodie über
dem Wasser zu schweben, und
Wolfgang Block konnte sich der
eigenartigen Stimmung auf diesem
Anleger nicht entziehen. „Hier bitte",
der Mann reichte ihm sein Feuerzeug

zurück und fügte einladend hinzu:
„Sie werden mir doch die Freude
nicht abschlagen, sich einen
Augenblick zu mir zu setzen?
Unsereins bekommt Weihnachten ja
keinen Besuch, und es ist so wichtig,
miteinander zu sprechen."
Es entsprach nicht Blocks Art,
sich bei wildfremden Leuten
auf Parkbänken oder anderen
öffentlichen Sitzgelegenheiten
niederzulassen.
So hatte er bereits ein abweisendes
Wort auf den Lippen, dann aber
sagte er nichts und setzte sich einfach
hin. Für einen Augenblick könnte
man dem einsamen Mann ja mal
diese Freude machen ...
Flackernd brannte die Kerze auf
dem Klapptisch, der Tannenzweig
gab eine Ahnung von Weihnachten.
Aus der Tiefe seiner Plastiktüte hatte
der alte Mann eine Flasche Wein,
zwei Becher und einen Christstollen
hervorgezogen und Wolfgang Block

davon angeboten, zögernd hatte der zugegriffen.

Die Unruhe war mit einem Mal von ihm abgefallen, schweigend blickten die beiden auf die weite Wasserfläche vor sich. „Eigentlich", meinte der Einsiedler fast zu sich selbst, während er seinen Becher auf dem Tisch absetzte, „eigentlich bräuchte es gar kein Alleinsein zu geben. Man muss nur den Mut haben, aufeinander zuzugehen." „Aber wenn man doch seine Ruhe haben will", widersprach Wolfgang Block halbherzig. Der Mann neben ihm nickte bedächtig: „Sicher, seine Ruhe, die braucht man wohl. Aber die Unruhe in uns, die macht hart und bitter. Die wird uns erst genommen, wenn wir wieder zueinander finden." Einen Augenblick lang zögerte er, dann fügte er halblaut hinzu: „Oder vielleicht zu Gott?"

Wolfgang Block schwieg. Er hätte einiges entgegnen können,

argumentierend und logisch
durchdacht. Aber seine rationale
Betrachtungsweise schien auf
seine heutigen Erfahrungen
nicht zuzutreffen. Da war dieser
merkwürdige Anruf, das Flötenspiel,
die Begegnung auf dem Anleger und
nun das gemeinsame Schweigen.
Irgendwann stand er auf und
ging, dem Alten war's recht. Sie
verabschiedeten sich fast wie
Freunde.
Die Johnsallee sah freundlicher aus
als beim Hinweg, irgendwie wärmer.
„Man müsste", dachte Block,
während er seine Haustür aufschloss,
„man müsste mehr miteinander
reden, auch ohne Telefonanrufe, die
keinen Absender haben." „Gesegnete
Weihnachten!", sagte er, als er der
Nachbarin von oben rechts auf der
Treppe begegnete. Staunend blickte
die ihm nach.

Geheimnis

Wenn die Verheißungen
der Propheten
die Erinnerungen der Kinderzeit
die Texte und Lieder
von Jesu Geburt
zusammentreffen
mit unserer Sehnsucht
nach dem ewigen Licht ...
dann kann das Geheimnis
der Christnacht
von Neuem in uns
lebendig werden

Weihnachten auf der Elbe

Langsam tuckert das Kümo „Antje"
elbabwärts in Richtung See. Ganz
leise ist es an Deck, fast so, als schliefe
alles. Arne Christensen, der Kapitän,
steht am Ruder. An Steuerbord
ziehen Övelgönne, Teufelsbrück
und Blankenese vorbei. Die Häuser
schmiegen sich an den Berg, durch
die Fensterscheiben winkt ein warmer
Schein zu ihm herüber. Auch
leuchtende Tannenbäume kann er
entdecken.

„Die machen sich das gemütlich zu
Hause", geht es Kapitän Christensen
durch den Kopf, und seine Augen
wandern über das schwarze Wasser.
„Antje" tuckert elbabwärts in
Richtung See.

„Wenn man bloß kein Sturm
aufzieht. Im Wetterbericht haben sie
für heute scharfen Wind von Südwest
angesagt ... Kann der Wind sich nicht
wenigstens Weihnachten zur Ruhe

legen?" „Antje" tuckert elbabwärts in
Richtung See.
Christensen summt. Die Lichter von
Blankenese verschwimmen achteraus.
Und immer noch brummt er in
seinen Bart die Melodie. Ein altes
Kirchenlied, das er schon von seinem
Großvater gelernt hat:

Wie mit grimm´gen Unverstand,
Wellen sich bewegen!
Nirgends Rettung, nirgends Land
vor des Sturmwinds Schlägen.
Einer ist's, der in der Nacht,
einer ist's, der uns bewacht:
Christ Kyrie,
du wandelst auf der See.

Ein richtiger Weihnachtschoral will
ihm gerade nicht einfallen. Aber
ein bisschen von Weihnachten ist
vielleicht doch drin. Lass man gut
sein. „Antje" tuckert elbabwärts in
Richtung See.

Zwischen
Dankbarkeit und
Neubeginn

Jahreswechsel

Zwischen den Jahren

Früher, als der Jahresanfang zwischen
Weihnachten und Dreikönigstag
noch sehr unterschiedlich festgelegt
war, nannte man jene Zeitspanne
„Zwischen den Jahren". Ich liebe
diese heiligen zwölf Tage und ihre
geheimnisvollen Nächte, die der
Volksmund „Raunächte" nannte und
mit allerlei Ängsten und Amuletten,
Beschwörungen und Orakeln belegte.
Erst die Christen brachten Licht in
diese dunklen Nächte und setzten
den Gespenstern und Dämonen die
Botschaft der Geburt des Jesuskindes
entgegen.
Ich halte mir diese Tage gern frei,
weil sie voller Erinnerungen und
Verheißungen sind. Es ist eine
interessante Zeit zwischen „nicht
mehr" und „noch nicht", zwischen
Erinnern und Erwarten. Da blättere
ich in meinem endenden Tagebuch,
schaue Fotos an und halte Nachlese.

Zwölf Monate geliehener Zeit kehren
heim zur Ewigkeit: Wie habe ich
sie gefüllt, genutzt, was habe ich in
den Sand gesetzt? Und: Habe ich
eigentlich genügend wahrgenommen,
wie viel Grund zur Dankbarkeit es
gab?
Ein junges Ehepaar erzählte mir
von einem schönen Brauch: Wann
immer die beiden etwas Besonderes,
Schönes, Erinnernswertes erleben,
notieren sie das auf einem Zettel.
Den legen sie in eine Schale auf der
Fensterbank. Am Ende des Jahres
sitzt das Paar vor seiner Schale
voller Dankbarkeit, nimmt Zettel
um Zettel heraus und erinnert sich
an die gemeinsam erlebten positiven
Momente.
Aber natürlich geht mein Blick auch
nach vorn: Wie wird es weitergehen
mit der Gesundheit, mit der Arbeit,
der Liebe? Wie viele Jahre werden
mir noch bleiben? Worauf bin
ich neugierig? Wen werde ich

kennenlernen, von wem werde ich
mich verabschieden müssen? Wie
wird das mal mit meinem Ende sein?
Fragen zwischen Bangen und Hoffen.
Zu Hause sangen wir manchmal:

Anbetend Herr wir singen
das Lied der Ewigkeit,
zu dir zurück wir bringen
die anvertraute Zeit.

Die Vorstellung gefällt mir: die
anvertrauten, gefüllten zwölf Monate
dem Schöpfer zurückgeben, ihn
um Vergebung für das Alte und um
Segen für das Neue bitten.

Geheimnis und Chancen

Die anderen sind längst zu Bett
gegangen, und auch für mich wird
es eigentlich Zeit. Aber nach all den
schönen, trubeligen, manchmal auch
nervenden Tagen und Stunden kann
ich diese Stille mit ihrem eigenen
weihnachtlichen Duft endlich einmal
für mich genießen. Im Halbdunkel
erkenne ich die Geschenktische, im
Hintergrund den dunklen Baum,
der bis zur Decke reicht. Eine Kerze
ist nicht ganz runtergebrannt, ich
stehe auf und zünde sie an, ganz für
mich allein. Ruhig steht die Flamme,
spiegelt sich in den blauen Kugeln
und wirft weiche, zitternde Schatten
auf Wände und Möbel.
Habe den Kindern vorhin erzählt,
dass Weihnachten längst nicht zu
Ende ist, sondern bis zum 6. Januar
geht. Dass die Tage und Nächte
zwischen den Jahren ihre besonderen
Geheimnisse und Chancen haben.

Die will auch ich nutzen als
nachdenkliche und erfüllte Zeit.
Wann sonst kann man innehalten
und den Reiz zwischen Altem und
Neuem spüren, zwischen Erinnerung
und Vorschau, wenn nicht in diesen
Tagen?

Ewige Geborgenheit

An diesen Abenden gehe ich gern
durch die dunklen Wohnstraßen der
Umgebung. Viele Eingangstüren sind
weihnachtlich geschmückt, durch
Fenster und Vorhänge erkenne ich
Kerzen, Tannen, wärmende Lichter.
Sie schimmern so anheimelnd, als
seien die Probleme der Welt draußen
vor der Tür geblieben. Als wäre es
den Menschen tatsächlich gelungen,
den Frieden, die Liebe und die
Harmonie für ein paar Tage in ihre
Stuben zu holen und füreinander zu
bewahren.
Ich kenne die Menschen hinter
den Scheiben und Gardinen nicht.
Ich weiß nicht, wie viel Krankheit,
Sorgen und Streit in ihren Wänden
wohnen, ich will es gar nicht wissen.
Ich möchte mir nur für einen
Augenblick die Illusion bewahren,
dass das Heil der Welt tatsächlich in
diesen Häusern zu Hause ist.

Was ist der Impuls für unsre Lichter,
Lieder und Feiern, was ist der tiefere
Grund für diese sehnsüchtigen
Weihnachtsversuche?
Ich bin überzeugt: In uns lebt
die Ahnung von einer ewigen
Geborgenheit. Sie gibt uns den
Impuls, das himmlische Licht und
Zuhause für ein paar Tage in unseren
Häusern nachzuahmen. Ein paar
Tage lang möchten wir uns ausmalen
und gegenseitig vorspielen, wie die
Freude und der Friede sind, die
einmal für immer in unsere Herzen
einziehen werden.

Ahnen und vertrauen

Ein kleines Kind erwacht in seinem Bettchen. Es ist allein im Zimmer, alles ist dunkel, Panik droht. Es weint und ruft nach seiner Mutter. Die kommt herein, nimmt das Kind auf den Arm und sagt die beruhigenden Worte: „Alles ist in Ordnung, alles ist gut!" So erzählt es der Religionssoziologe Peter L. Berger, so trösten Mütter auf der ganzen Welt. Es wirkt; aber ist es auch wahr? Die Mutter weiß doch selbst, dass die Verhältnisse weder gut noch in Ordnung sind: weder was den Frieden noch das Klima noch die Armut betrifft. Darum fragt Peter L. Berger: Lügt eigentlich die Mutter, wenn sie sagt: Alles ist gut? Oder ahnen und vertrauen die Mütter darauf, dass es eine größere himmlische Geborgenheit gibt? Die ihnen erst die Kraft gibt für ihre kleinen Bemühungen, Trost

und Geborgenheit zu vermitteln.
Wo wir im Vertrauen auf jene
große Geborgenheit leben, da
haben wir noch keine Erklärungen
für die schrecklichen Bilder und
Probleme unserer Tage. Aber nun
hat unsere Rat- und Hilflosigkeit
eine vertrauenswürdige Adresse, zu
der manche Mütter am Bett ihrer
Kleinen beten:

Wolln Ängste mich verschlingen,
so lass die Engel singen:
Dies Kind soll unverletzet sein!

Echte Dankbarkeit

„Hast du den Dankesbrief an Tante
Adelheid fertig? Heute setzt du dich
ran!" So großzügig Tante Adelheid
war, so mühsam schrieben sich die
Dankesbriefe, selten gerieten sie
originell. Spielen war schöner.
Kinder lernen früh, was sich
gehört: „Wie sagt man?" „Danke!",
antwortet das wohlerzogene Kind,
die Eltern nicken beifällig. Danken
als Einübung in Höflichkeit.
Dabei wollen Psychologen
herausgefunden haben, dass echte
Dankbarkeit eine schützende und
stabilisierende Funktion hat. Wer mit
wertschätzendem Blick durchs Leben
geht, soll zufriedener, glücklicher
und sozialer sein als Menschen, die
sich enttäuscht oder neidisch auf das
konzentrieren, was sie nicht haben
oder was andere besitzen.
Ich glaube, dass man Dankbarkeit bis
zu einem gewissen Grad lernen kann.

So erinnere ich mich jeden Morgen
an drei positive Erlebnisse, die ich
tags zuvor hatte. Und danke dafür.
Das übt meinen Blick für schöne
Erfahrungen, für hilfreiche Menschen
und stimmt mich insgesamt
dankbarer.

Meister Eckart sagt: „Wäre das
einzige Gebet, das du in deinem
Leben sprichst, ein Danke!, es würde
genügen."

Eine gerade Linie

Kürzlich kam ich nicht umhin, mir
eine neue Armbanduhr zu kaufen.
„Wollen Sie eine mit Digitalanzeige
oder mit Zifferblatt und Zeiger?",
fragte der Uhrmacher. Für mich
gab's keinen Zweifel: Ich brauche
ein klares Zifferblatt und einen
kreisenden Zeiger, damit ich schnell
begreife, was die Uhr geschlagen
hat. Da bin ich konservativ und
erinnere mich an das alte Verständnis
der zyklischen Zeit, wie sie von der
Natur, den Jahreszeiten mit ihren
Traditionen und den gemeinsamen
Mahlzeiten der Familien bestimmt
wurde. Da lebten wir einen gesunden
Rhythmus. Da hatten wir Pausen
zum Feiern und Durchatmen, und
auch die Sonntage wurden heilig-
gehalten.
Doch kreisende Zeiger haben auch
ihre Nachteile. Sie vermitteln den
falschen Eindruck, die Zeit kehre stets

an ihren Ausgangspunkt zurück. An
Geburtstagen und zu Silvester spüren
wir aber, dass das nicht stimmt. Das
alte Jahr läuft ein für alle Mal ab und
fängt nie wieder von vorne an. Die
Zeit ist eher wie eine gerade Linie
in die Zukunft. Wer sich auf ihr
vorwärtsbewegt, wird unwiderruflich
älter, seine Lebenszeit wird knapper.
Manche Menschen wollen das nicht
wahrhaben und führen ihr Leben,
als liefen sie im Kreis. Sie machen
immer dieselben Fehler und fallen
stets in die gleichen Löcher. Schade,
denn wir haben die Chance, aus
unseren Fehlern zu lernen und uns
zu verändern. Ich will mich darum
bemühen, aber ich weiß auch, dass
vieles wie Gesundheit, Freundschaft
und Liebe letztlich nicht machbar
ist. Dennoch werde ich mich nicht
vor dem neuen Jahr fürchten. Ich
halte mich lieber an die Worte einer
chinesischen Christin, die erzählt:

Ich sagte zu dem Engel,
der an der Pforte
des neuen Jahres stand:
Gib mir ein Licht,
damit ich sicheren Fußes
der Ungewissheit
entgegensehen kann.
Aber er antwortete:
Geh nur hinein
in die Dunkelheit
und lege deine Hand
in die Hand Gottes.
Das ist besser
als ein Licht
und sicherer als
ein bekannter Weg.

Mal was anderes

„Guten Rutsch!", ruft man beim
Schlachter, beim Bäcker, auf der
Straße, oder „Komm gut rein!".
Sonderlich originell finde ich solche
Wünsche nicht, für mich klingen sie
eher etwas hilflos.

Schmunzeln muss ich dagegen über
die Erklärungsversuche, die den
„guten Rutsch" auf das hebräische
Wort Rosch zurückführen. Es
bezeichnet den Anfang eines Monats
oder eines Jahres, der nach dem
jiddischen Wunsch „a gut Rosch"
gelingen soll. Daher dürfte der gute
Rutsch eher als der gute Beginn des
neuen Jahres zu verstehen sein.

Auch der Wunsch „Hals- und
Beinbruch" kommt aus dem
Hebräischen und meint keineswegs,
dass der Angesprochene sich
Hals und Beine brechen soll. Das
hebräische „Hazlacha we beracha",
in der Umgangssprache „Haslocho

we Brocho", heißt vielmehr: Glück
und Segen. Ein frommer Wunsch
also, den wir manchmal gut brauchen
könnten.
Niemand hindert mich daran,
dem Schlachter, dem Bäcker oder
der Nachbarin auf der Straße ein
gesegnetes neues Jahr zu wünschen.
Das geht nicht so leicht über die
Lippen, aber einen Versuch wäre es
allemal wert.

Erste Schritte

Als die Dämmerung anbrach, machte
sich Holger Bender auf den Weg zum
Glascontainer. Die vier Taschen und
Tüten zogen schwer an Händen und
Armen, die Weinflaschen klirrten
leise bei jedem Schritt. Er wählte den
Weg durch den kleinen Park und
hoffte, möglichst wenige Bekannte
zu treffen. Lieber begegnet man sich
mit vollen Flaschen, etwa nach dem
Einkaufen, mit den Kindern oder mit
dem Hund. Da kann man über Dinge
reden, die vor einem liegen, über
Schule, Wetter und Feste.
Leere Flaschen sind kein guter
Gesprächsstoff, dachte er und
erinnerte sich an die Familienszene
vorhin in der Küche. Seine Frau war
gegen eine Flasche gestoßen und
schimpfte: „Müssen die auch überall
rumstehen? Du könntest ja auch mal
zum Container fahren!" „Wer von
uns ist denn ständig mit dem Auto

unterwegs?", gab er zurück. „Und
wer von uns trinkt am meisten?",
konterte sie. Das war nicht fair, aber
natürlich wahr. Ich trinke in der
letzten Zeit tatsächlich zu viel, dachte
er, und Christa zieht nach Kräften
mit.

Von Genuss und Wohlbefinden
kann man bei uns kaum noch
sprechen, eher von Aggressionen und
Katerstimmung.

Er bog in eine Wohnstraße ein, es
fing an zu schneien. Zwei junge
Männer trugen aus einem Auto volle
Bierkästen ins Haus, die Silvesterfeier
wurde vorbereitet. In ihrer Plastiktüte
waren sicher auch Knaller und
Leuchtkörper. Alle Jahre wieder.

Die Flaschen wurden ihm allmählich
schwer. Aber als Christa mit dem
Auto fortmusste, hatte er spontan
beschlossen, reinen Tisch zu machen,
auch zu Fuß. Schaden konnte ihm
der Fußweg sicher nicht, auch
wenn seine Arme nun immer länger

wurden. Noch bis zur Ampel und dann 200 Meter geradeaus. Vorsätze fielen ihm ein, gute Vorsätze, wie jedes Jahr. Mit Alkohol und Ehe hingen sie zusammen, mit Gesprächen und Ehrlichkeit. Als er gerade kritisch mit sich ins Gericht ging, riss die eine Tüte. Klirrend zersplitterten Flaschen auf dem Gehweg. „Mist!", entfuhr es ihm, und „Prost Neujahr!" rief es von irgendwo, aber er konnte niemanden sehen. Es war ihm peinlich. Er schob die Scherben mit dem Fuß zusammen, nun würde er zweimal zum Container gehen müssen.

„Das fängt ja gut an", meinte ein Passant, und Holger musste etwas lachen. Wenn Scherben Glück brächten, hätte er nun genug davon. Aber darauf wollte er sich nicht verlassen.

Auf dem Rückweg spürte er Erleichterung. Die Schneedecke war dichter geworden, die ersten Schritte waren getan.

Ein Engel in der Silvesternacht

Als er den Ehekrach geschlichtet hatte, verließ er das Haus, so unbemerkt, wie er gekommen war. Draußen empfing ihn lautes Krachen und Heulen, die Luft roch nach Alkohol und Schwefel. „Wovor sie sich nur fürchten?", dachte der Engel und beschloss, ein Taxi zu nehmen. Aber man findet kein Taxi eine halbe Stunde vor Jahreswechsel, erst recht kein leeres.

So stand er etwas verloren an der Kreuzung Weidenallee/Schäfer-kampsallee, im Hintergrund die dunklen Umrisse der Christuskirche. „Weiden", „Schäfer", „Christus" – schöne Namen hatten die Hamburger ausgewählt, doch in dieser Nacht schienen sie kaum daran zu denken. Vier junge Leute zogen singend und rufend über den Zebrastreifen, eine Flasche rollte

über das Pflaster. Vom Kirchturm
schlug es viertel vor zwölf. „Alles, was
heilig ist", dachte der Engel, „aber
auch unsereins braucht den Schritt
der Zeiten nicht auf einer öden
Straßenkreuzung zu erleben!"
Er zog seinen Mantel fester
und überquerte die Straße in
Richtung Schlump. Zur Linken die
Jerusalemkirche, vorn tauchte der
U-Bahnhof auf. Er schritt die Stufen
hinab, unten wehte ein kalter Wind.
Lange brauchte er nicht zu warten,
ein Zug lief ein. Das Abteil war leer,
ein paar Luftschlangen hingen über
den Sitzen.
Er stellte sich an die Tür und blickte
hinaus. Im Bahnhof Hoheluft
schlief ein Mann auf einer Bank.
Der Zug fuhr wieder an, kroch die
Stelzenstrecke der Isestraße entlang.
Die Wohnungen waren erleuchtet,
er konnte in die Zimmer sehen. Die
Bewohner waren auf die Balkone
getreten, festlich gekleidet, Gläser in

der Hand. In gespannter Erwartung
blickten sie zum nächtlichen Himmel.
„Als warteten sie auf den Herrn der
Zeit", dachte er und beobachtete,
wie Raketen aufstiegen, leuchtende
Sterne versprühten, um dann im
Dunkeln zu erlöschen.
„Prost Neujahr!"; wünschte
der U-Bahn-Fahrer durch den
Lautsprecher, vom Klosterstern
wehte Glockengeläut herüber.
„Gesegnetes Neujahr", antwortete er
leise. Keiner konnte es hören, aber
es schwebte über der Stadt wie eine
Verheißung.

Unser Weg zum Weihnachtsstern

Kamel nennen mich die einen,
Dromedar die anderen. Wieder
andere finden klingende, lyrische
Namen, und alle meinen, mich zu
kennen. Wie es aber ist, den Sand
unter den Hufen zu spüren, in milde
schaukelndem Schritt die Weite
zu gewinnen und in der Kühle des
Abends den Himmel zu fühlen, das
wissen sie nicht.
Häufiger rufen die Treiber ihr
hektisches „Heik! Heik!", der Weg
wird steiniger. Dornenbüsche
und Disteln säumen die alte
Karawanenstraße. Verdorrte Gräser.
Dann wieder finde ich Schneckenklee
und wilde Levkojen, ein
annehmbarer Fraß. Der alte Mann
auf meinem Rücken ist eingenickt,
wie schon so oft. Ab und zu schreckt
er auf und sucht den Himmel ab,
als ob er den Stern verlieren könnte,

seinen Stern. Die drei reden ja von
nichts anderem, und das schon seit
sieben Wochen. Da ist von einem
tönernen Sternenkalender die Rede,
von Bewegungen am Himmel und
bevorstehenden Ereignissen.
„Wenn sich der Stern der Endzeit
mit dem Planeten im Westen vereint,
wird dort der Herrscher aller Zeiten
geboren", sagt Melchior manchmal
eindringlich und schaut die anderen
beschwörend an. Und dann blicken
sie wieder gemeinsam nach oben.
Ich verstehe nichts davon, aber ich
höre an ihren Stimmen, dass ihre
Spannung steigt und ihre Neugierde
auf den jüdischen König, dessen
Geburt sie am Himmel entdeckt
haben wollen.

Oft übernachten wir auf dem Felde.
Wenn wir aber in den Innenhöfen
einer Karawanserei liegen, dann sehe
ich manchmal, wie sich der Alte oben
in seinem Schlafgemach erhebt.

In seinem gelben Gewand tritt er
auf die Galerie hinaus und schaut
gebannt auf den Stern. Lange Zeit
steht er da, in sich versunken wie
eine Statue. Feierlich und still ist
es ringsum, bis auf das Lastkamel
El Aschal, das neben mir vor sich
hinbrummt, und seinen Neffen El
Chasid, der sein gedämpftes Gurgeln
anstimmt. Ich möchte dem Melchior
wünschen, dass seine Beobachtungen
wahr sind und dass er sein Ziel
erreicht. An mir sollen seine Träume
nicht scheitern.

Mit Städten habe ich eigentlich
nicht viel am Huf, aber Jerusalem,
das ist schon eine besondere Stadt!
Schon von ferne leuchten die
hochgebauten Stadtmauern herüber,
die Umrisse des Königspalastes mit
seinem aufragenden Turm und die
gewaltige Baustelle des Tempels.
Kaum merklich beschleunigt unsere
Karawane den Schritt. „Tscha!

Tscha!", rufen die Treiber und
versuchen vergeblich, uns zum
Galopp anzutreiben. Kaum erreichen
wir die Stadtmauer, erregen wir
bereits Aufsehen. Leute strömen
zusammen. Selbst die Bauarbeiter
am Tempel lassen für einen
Hammerschlag ihre Arbeit ruhen.
Ehrenvoll der Empfang im Palast
des Herodes! Großzügig werden wir
im königlichen Stall behandelt: Man
reibt uns mit Olivenöl ab, mischt
wohlschmeckende Gerstengrütze ins
Futter und behängt uns sogar mit
buntem Leder. Unseren Sterndeutern
geht's sicher ähnlich. Wenn ich sie
sehe, tragen sie ein geschmeicheltes
Lächeln zur Schau, aber finden sie
hier die Erfüllung ihrer Wünsche?
Ich habe Zweifel. Am Himmel
mögen sie sich ja auskennen, aber
von Menschen verstehen sie offenbar
weniger.
Man sieht und hört im Stall nämlich
einiges, und das hört sich nicht gut

an. König Herodes soll ein schlimmer
Bluthund sein, erzählt man. Gerade
ließ er zwei seiner Söhne erdrosseln,
und das mit Billigung des Kaisers
Augustus! Folter, Feuersbrände und
Hinrichtungen scheinen seinen Weg
zu pflastern. Ich rieche geradezu das
Misstrauen, das hier in den Mauern
nistet. Womöglich lässt er auch noch
Kamele schlachten, um ihr Fleisch
an die Fremdarbeiter des Tempels zu
verkaufen?

Beunruhigend auch, was man
sich von den Pharisäern erzählt:
Einige hätten die Geburt eines
Wunderkönigs vorausgesagt und
würden nun dafür verfolgt. Ob
das mit Melchiors Beobachtungen
zusammenhängt? Mir ist nicht wohl
zumute, und die königliche Gerste
schmeckt mir gar nicht mehr so gut ...

Tags darauf kommt Leben in den
Stall. Proviant wird herangeschleppt,
Wasserschläuche aus Ziegenhäuten.

Erst am späten Nachmittag
brechen wir auf, endlich! Zu einem
Marktflecken gar nicht weit von
hier soll es gehen. „Bethlehem", den
Namen habe ich noch nie gehört.
Als wir aber die Stadtmauern hinter
uns haben, den hohen Tempelberg
im Rücken, wird mir wohler ums
Herz. Endlich wieder frei atmen
können, frei schauen und schreiten,
im wiegenden Rhythmus durch das
schöne Tal. Ein herrlicher Abend,
die Luft ist rein und nicht mehr
heiß. Zur Linken im zarten Dunst
der Ferne bläuliche Bergzüge, dicht
neben uns das Grün der Feigen- und
Olivenbäume. Auch Melchior ist
aufgeräumt, er hört gar nicht auf
zu reden. Die Schriftgelehrten des
Herodes haben offenbar in heiligen
Büchern gesucht und die alten
Weissagungen der Propheten befragt.
Dabei sind sie auf die Verheißungen
eines gewissen Micha gestoßen,
Melchior kann sie inzwischen

auswendig: „Du aber, Bethlehem, du kleinste unter den Städten Judas, aus dir soll hervorgehen der Herrscher Israels, dessen Herkunft von Ewigkeit her war." Bethlehem also, von mir aus auch Bethlehem. Ein ehrliches Nest voller Dreck ist mir allemal lieber als ein Palast voller Hass.

Die Schatten werden länger. Ab und zu ein Brunnen, ein Haus. Wir kommen auf dem Hochgebirgsrücken nur langsam voran.

Als der Abend hereinbricht, haben sie ihn endlich wieder, ihren Stern, klarer als je zuvor. Da liegt auch schon Bethlehem, ein Haufen Lehmwände und Flachdächer. Die Kunde von unserem Kommen ist uns vorausgeeilt. Auf dem Marktplatz herrscht Aufregung. Überall Hunde, Ziegen und Menschen. Auch Neugeborene sind dabei, klein und krähend, eines gleicht dem anderen. Die Sterndeuter sind ratlos. Sie

hasten von einem zum anderen,
befragen die Eltern. Der neue
König ist nicht dabei, das spüre
ich gleich. Melchior bekommt
hektische Flecken im Gesicht, und
der Stern verschwindet hinter einer
Wolkenwand. Was nun? Die Weisen
steigen wieder auf, die Karawane
zieht weiter. Aber wohin?
Doch dann entdecke ich am
Ortsrand jenen Stall, nicht bedeutend
zwar, eher schäbig. Kein König
würde je seinen Fuß da hineinsetzen.
Aber ich spüre, dass dort etwas
Besonderes geschieht: Das Licht fällt
so wärmend aus dem Tor, die Hirten
davor sehen richtig andächtig aus.
„Da ist er wieder, unser
Königsstern!" Melchiors Stimme
klingt heiser vor Aufregung: „Meine
Sehnsucht, die weite Reise ...",
flüstert er und wendet sich um:
„Schnell, die Geschenke!" Das Tor
schwenkt auf. Das Lastkamel El
Chasid gurgelt vor Freude. Nein,

hier wird man uns nicht mit Olivenöl
abreiben, hier mischt man uns
keine Leckerbissen ins Futter. Aber
hier riecht es nach Nestwärme und
Vertrauen, hier schmeckt es nach
Frieden, nach Erlösung. Ich falle in
die Knie, bevor Melchior etwas sagt.

Jahreswechsel

Quellennachweis

Viele meiner Beiträge in diesem
Buches standen zunächst als
Kolumnen in den Zeitungen
„Hamburger Abendblatt" oder „Bild
Hamburg", einige Geschichten,
wie auch die Reportage auf Seite
16 stammen aus dem Hamburger
Magazin „Blickpunkt Kirche".
Die Artikel der Seiten 62, 64, 72, 80,
100, 123, 146, 152 und 158 stammen
aus dem Kalender „Der andere
Advent", dort aus den Jahrgängen
1999-2009.
Die Beiträge der Seiten 40 und 148
sind dem Buch „ach! Das kleine Buch
vom großen Staunen" entnommen,
erschienen bei Andere Zeiten e. V.
Hamburg, 3. Auflage 2010.
Die Geschichte auf Seite 54 dem
Buch „Ich geb' dir einen Engel mit
... Erfahrungen mit einem Symbol"
entnommen, ebenfalls erschienen bei
Andere Zeiten e. V. Hamburg,

6. Auflage 2010. Diese Bücher sind zu beziehen bei Andere Zeiten, Fischers Allee 18, 22763 Hamburg – www.anderezeiten.de, Tel.: 040-47112727

Die Herkunft des vom Buchautor zitierten Gedichts auf Seite 156 war trotz gründlicher Recherche nicht auszumachen. Für Hinweise sind wir dankbar.

Herder spektrum Band 6730

MIX
Papier aus verantwor-
tungsvollen Quellen
FSC® C083411
www.fsc.org

Titel der Originalausgabe: Schick deine leisen Boten.
Die besondere Zeit von Advent bis Heilige Drei Könige
© Kreuz Verlag in der Verlag Herder GmbH,
Freiburg im Breisgau 2010
ISBN 978-3-7831-8048-0

© Verlag Herder GmbH, Freiburg im Breisgau 2014
Alle Rechte vorbehalten
www.herder.de

Umschlaggestaltung: Designbüro Gestaltungssaal
Umschlagmotiv: © yevgeniy 11 – Fotolia.com

Innengestaltung und Satz: agentur IDee
Herstellung: CPI books GmbH, Leck

Printed in Germany
978-3-451-06730-3